KB074721

인공지능과
메이커 융합교육

김진옥

머리말

4차 산업혁명 시대를 맞아 미래를 살아갈 우리 아이들을 위해 어떠한 역량을 길러주고, 무엇을 준비시켜야 하는지는 모든 교육자가 가진 고민 중의 하나입니다. 최근 인공지능(AI), 사물인터넷(IoT), 클라우드 컴퓨팅(Cloud Computing), 빅데이터(Big Data), 증강 현실(AR), 가상현실(VR) 등의 기술적 발전과 더불어 우리 생활 속 모습은 빠르게 변화하고 있습니다.

이렇게 예측하기 어렵고 빠르게 변화하는 사회의 변화에서 교육은 과거의 지식, 과거의 방법으로 학생들을 교육하는 것이 아닌 미래의 지식, 미래 지향적인 방법으로 교육을 할 필요가 있습니다. 4차 산업 혁명 시대에는 학습자 중심의 교육 방향으로 자기 주도적 학습, 상호 협력을 통한 공동체 의식의 형성, 학습 경험에 대한 개방과 공유의 정신을 강조하고 있습니다. 인공지능의 시대라 할 수 있는 미래 사회의 핵심 키워드는 '인공지능', '융합' '창의'를 들 수 있습니다. 이러한 변화 속에서 미래를 대비하는 새로운 내용, 새로운 방법으로 인공지능 교육, 메이커 융합교육이 주목받고 있습니다.

우리 정부는 '인공지능'을 미래 사회의 국가 경쟁력의 핵심 전략으로 선정하고 국가 경쟁력을 강화하기 위해 지난 8월 '전 국민 AI · SW 교육 확산 방안'을 발표하였습니다. 미래학자들은 앞으로 다가올 인공지능의 시대는 인류 역사상 최대 수준의 대변화가 될 것으로 전망하고 있습니다. 특히, 코로나9 이후 가속화되고 있는 디지털 가속화와 그에 따른 인공지능 시대의 도래 상황에서 전 국민의 디지털 리터러시 강화는 필수적인 흐름이 되고 있습니다.

이에 이 책은 미래 사회를 대비하는 학습자의 역량을 길러줄 수 있는 교육 방법인 인공지능 교육과 메이커 융합교육에 대한 이론적 탐색 및 정책 분석, 수업 적용 가능 사례를 토대로 인공지능 교육과 메이커 융합교육을 교실 수업에 적용하고자 하는 교사나 예비교사, 연구자나 교육가를 염두에 두고 집필하였습니다.

이 책은 인공지능과 메이커 융합교육의 이해와 2부 인공지능과 메이커 융합교육의 실제로 구성하였습니다. 1부의 제1장에서는 미래 사회와 인공지능 기술, 제2장에서는 인공지능과 메이커 융합교육의 배경, 제3장에서는 인공지능과 메이커 융합교육의 교수·학습 방법 및 평가로 구성되어 있으며, 2부의 제4장 인공지능과 메이커 융합교육에 활용 가능한 도구, 제5장 인공지능과 메이커 융합교육의 실천 방안으로 제시되어 있습니다.

이 책의 1부에서는 인공지능 교육과 메이커 융합교육을 수업에 적용하기 위한 관련 이론과 정책들을 알아보고 2부에서는 인공지능 교육과 메이커 융합교육을 적용하기 위한 실제 사례 들을 인공지능의 요소 기술별로 다양하게 제시하였습니다.

앞으로 인공지능 교육과 메이커 융합교육은 학교 현장에 더욱 확산하여 미래인재 양성을 위한 교육 방법으로 활용될 것입니다. 인공지능과 메이커 융합교육에 관심이 있는 교사, 교육가, 연구자 등 모든 분이 이 책을 통해 학교 교육의 혁신 방향을 함께 고민해 볼 수 있었으면 좋겠습니다.

끝으로, 이 책의 출간에 도움을 주신 도서 출판 지식나무 김복환 대표님 이하 노력해 주신 모든 분들께 감사의 마음을 전합니다.

2020년 10월

저자 **김 진 옥**

차 례

1부. 인공지능과 메이커 융합교육의 이해

2부. 인공지능과 메이커 융합교육의 실제

제1장. 미래사회와 인공지능 기술

1. 인공지능의 개념과 역사

2. 인공지능 기술과 4차 산업혁명

3. 인공지능 시대의 미래인재 역량

4. 인공지능의 가능성과 한계

제1장. 미래사회와 인공지능 기술

1. 인공지능의 개념과 역사

1.1 인공지능의 개념

2016년 3월, 알파고가 이세돌과의 바둑 대결에서 4대 1로 승리하면서 전 세계인들은 인공지능(AI; Artificial Intelligence) 기술이 가진 잠재력에 주목하게 되었다. 이후 인공지능은 사회 전반에 폭발적인 관심을 불러일으키며 경제, 산업 및 사회 전반에서 혁신을 주도할 핵심 동력으로 주목받고 있다. 또한 4차 산업혁명을 주도하는 핵심 기술인 사물인터넷, 클라우드, 빅데이터 등은 인공지능 기술의 사회적 영향력을 확대시키며 인간의 경제, 사회, 문화적 생활 양식을 변화시키고 있다.

'시리', '구글 어시스턴트', '빅스비'와 같은 스마트폰의 인공지능 비서 프로그램은 사용자의 요청에 따라 다양한 정보 제공, 사물인터넷 기기 제어 등을 할 수 있는 기능으로 활용되고 있고, 인공지능이 탑재된 구글의 무인 자동차는 인간의 개입 없이 목적지까지 운전을 할 수 있게 되었다. 또 IBM의 '왓슨'은 2011년 미국의 퀴즈쇼에서 퀴즈 챔피언기록 보유자를 상대로 승리하기도 하였으며, 방대한 환자 데이터를 학습하여 환자를 위한 맞춤형 치료방법을 찾는데 도움을 주고 있다. 뿐만 아니라 인공지능은 인간 고유의 분야라고 여겨졌던 예술 분야에서도 방대한 데이터를 바탕으로 그림을 그리거나 작곡을 하는 등의 능력을 보여주고 있다.

이처럼 이제는 일상생활에서 너무 쉽게 접할 수 있게 된 인공지능은 연구자들에 의해 다양하게 정의되고 있다. 인공지능의 아버지라고 불리는 스탠포드 대학교의 존 매카시(John McCarthy) 교수는 1956년, 당시 재직 중이던 다트머스 대학교에서 개최한 '다트머스 컨퍼런스'에서 '지능적인 기계를 만드는 과학 및 공학'이라는 의미로 '인공지능'이라는 용어를 처음으로 도입하고, 컴퓨터, 자연어 처리, 신경망, 계산 이론, 추상화 및 창의성 등에 대해 논의한 바 있다. 이후 많은 연구자에 의해 인공지능에 대한 연구가 이루어졌으며 인공지능의 목표에 따라 그 정의도 다양하게 나타나고 있다. 한편, Russell과 Norvig(2009)은 인공지능의 목표를 크게 4가지로 구분하고 [그림 1.1]과 같이 인공지능의 목표를 제시하였다.

인간처럼 생각하는 시스템	합리적으로 생각하는 시스템
인간처럼 행동하는 시스템	합리적으로 행동하는 시스템

[그림 1.1] 인공지능의 목표

역사적으로 인공지능에 대한 연구는 [그림 1.1]과 같은 네 가지 접근 방식을 취하며 발전해 왔다. 이는 다시 가설과 실험적 검증을 포함한 경험적 과학 기반의 인간 중심적 접근과 수학과 공학의 조합을 기반으로 하는 합리주의적 접근으로 나눌 수 있으며 인공지능 연구자들의 인공지능에 대한 정의와 Russell과 Norvig(2009)가 제시한 인공지능의 목표로 분류한 결과는 <표 1.1>과 같다.

〈표 1.1〉 인공지능에 대한 다양한 정의의 분류

인공지능의 정의	연구자/기관(연도)	분류
지능적인 기계, 특히 지능형 컴퓨터 프로그램을 만드는 과학 및 공학	McCarthy(1956)	인간처럼 생각하는 시스템 (인지 과학적 접근)
의사결정, 문제해결, 학습과 같은 인간의 사고와 관련된 활동의 자동화	Bellman(1978)	
컴퓨터를 생각하게 만드는 흥미진진한 새로운 노력 … 완전하고 문자 그대로의 의미로 마음을 가진 기계	Haugeland(1985)	
계산 모델 활용을 통한 정신 능력 연구	Charniak and McDermott(1985)	합리적으로 생각하는 시스템 (사고의 법칙적 접근)
지각, 추론 및 행동을 가능하게 하는 계산에 관한 연구	Winston(1992)	
사람처럼 지능이 요구되는 기능들을 수행하는 기계를 만드는 기술	Kurzweil(1990)	인간처럼 행동하는 시스템 (튜링 테스트 접근)
사람이 더 잘하는 무엇인가를 어느 순간 컴퓨터가 할 수 있도록 하는 연구	Rich and Knight(1991)	
계산 프로세스 측면에서 지능적 행동을 설명하고 모방하려는 연구 분야	Schalkoff(1990)	합리적으로 행동하는 시스템 (이성적인 에이전트 접근)
지능형 행동 자동화와 관련된 컴퓨터 과학의 한 분야	Luger and Stubblefield (1993)	

　　인공지능에 대한 다양한 정의 중 인간과 같은 사고 시스템으로서의 인공지능에 대한 정의는 인간의 사고 과정을 연구하는 인지 과학적인 접근 방식이다. 이러한 접근에 따르면 인공지능의 목표는 컴퓨터 모델을 통해 인간의 복잡한 사고 작용을 모방하고 이를 통해 인간처럼 사고하는 컴퓨터 시스템을 만드는 것에 있다. 두 번째, 합리적 사고 시스템으로서의 인공지능에 대한 정의는 인간의 합리적인 사고와 논리적인 과정을 컴퓨터 프로그래밍화하는 것을 목표로 한다. 셋째, 인간과 같은 행동 시스템으로서 인공지능의 목표는 컴퓨터의 반응이 인간의 반응과 구별이 안 될 정도로 모든 인지적인 작업에

있어서 인간과 같은 수준의 성능을 보이도록 프로그래밍하는 것에 있다. 이는 앨런 튜링이 제안한 튜링 테스트 접근이라고도 한다. 마지막으로, 합리적 행동 시스템으로서 인공지능의 목표는 주어진 확률 정도가 있을 때 어떤 목표를 달성하기 위해 확률이 보다 높은 선택을 하는 합리적인 선택을 하도록 하는 것에 있다(조영임, 2016).

우리 정부에서 발표한 '인공지능 국가전략'에서는 인공지능을 "인간의 지적능력을 컴퓨터로 구현하는 과학기술로서, ① 상황을 인지하고, ② 이성적, 논리적으로 판단·행동하며, ③ 감성적·창의적인 기능을 수행하는 능력까지 포함하는 것"으로 정의하였다(관계부처 합동, 2019, p.1). 또한, 2020년 8월에 발표된 '전 국민 AI·SW교육 확산 방안'에서는 인공지능 기술을 "인지, 학습 등 인간의 지적 능력의 일부 또는 전체를 컴퓨터를 통해 구현하는 지능으로, 환경을 감지하고 스스로 판단·행동하여 자신의 목표를 달성하는 기술"로 정의하였다(관계부처 합동, 2020, p.4).

인공지능의 초기 연구는 인간처럼 생각하고 행동하는 시스템 개발을 위한 접근 방식이 많았으나 최근의 인공지능 연구에서 딥러닝이 등장한 이후에는 합리적으로 사고하고 행동하는 시스템을 만들기 위한 인공지능 분야의 연구가 활발하게 진행되고 있다.

1.2 인공지능의 역사

일반적으로 인공지능(AI; Artificial Intelligence)은 인간처럼 행동하고 생각하고 결정을 내릴 수 있는 지능형 기계를 개발할 수 있는 컴퓨터 과학의 한 분야로 정의된다. 이러한 인공지능의 역사를 디지털 컴퓨터의 역사와 분리하여 논의하기는 어렵다. 이는 현대의 인공지능이 컴퓨터 과학의 하위 분야로 간주되어 발전해 왔기 때문이다. 컴퓨터 과학자들은 인공지능이 발전 역사를 초기 시대(1950-1974), 1차 암흑기(1974-1980), 1차 부흥기(1980-1987), 2차 암흑기(1987-1993), 2차 부흥기(1993-2011), 3차 부흥기(2011-현재)로 나눈다. 이처럼 인공지능은 그동안 2번의 암흑기와 3번의 부흥기를 거치며 발전해 왔으며, 컴퓨터의 속도와 성능이 급속도로 증가하면서 2020년 현재 인공지능의 황금기를 맞고 있다.

먼저 초기 인공지능 시대(1950-1974)는 최초로 인공지능에 대한 현대적인 아이디어가 등장한 시기이다. 인공지능에 대한 아이디어는 영국의 전쟁 영웅이자 수학자인 Alan Turing에 의해 공식적으로 소개되었으며, 그는 현재까지도 "컴퓨터 과학의 아버지"로 인정받고 있다. 그는 논리와 수학의 원리로 구성된 튜링 머신이라는 개념을 소개하며 현재 컴퓨터의 모델을 제시한 바 있다.

[그림 1.2] 튜링 머신의 모델 예시

[출처] https://commons.wikimedia.org/wiki/File:Turing_Machine_Model_Davey_2012.jpg

또한, Turing(1950)은 컴퓨터가 인간 수준의 지능을 갖추었는지 확인하는 방법으로 튜링 테스트를 제안하였는데, 이를 간략히 설명하면 사람이 컴퓨터와 문자를 통해 대화를 주고 받으며 자신이 대화하는 상대가 컴퓨터인지 사람인지 판단해 보는 테스트이다. 만약 사람이 대화하는 상대가 컴퓨터인지 사람인지 판단하기 어렵다고 한다면 그 컴퓨터 프로그램은 튜링 테스트를 통과하여 인간 수준의 지능을 갖추고 있다고 보는 것이다. 이는 현대 인공지능 연구에 있어서 자연어 처리, 지식 표현, 자동화된 추론, 기계 학습 등의 개념을 제시해주었다는 데에서 최초의 인공지능 연구라 볼 수 있다.

한편, John McCarthy 교수가 주도한 다트머스 회의(Dartmouth Conference)를 시작으로 '인공지능'이라는 용어가 처음 사용되면서 많은 연구자들이 지능을 컴퓨터, 자연어 처리, 신경망, 계산 이론, 추상화 등에 기초한 기계적 계산과정으로 설명하고자 시도하였다. 인공지능 연구자들은 인공지능 기술이 빠르게 발전하여 수십 년 안에 인간의 지능과 같은 인공지능의 개발될 것으로 보았으나 메모리, 처리 속도 한계 등의 문제로 예상만큼 성과가 나오지 않자 연구 자금의 지원이 줄어들면서 인공지능은 1차 침체기(1974-1980)를 맞이하게 된다.

이후 이루어진 다양한 연구 끝에 연구자들은 지식이 인간 지능의 핵심 요소라는 것을 깨닫게 되었다. 이에 따라 과학자들은 유용한 전문 지식 데이터베이스를 구축하고 추론엔진을 통해 결과를 도출하는 정교한 방법을 개발하였다. 이러한 전문가 시스템(expert system)은 1980년대 본격적으로 상용화되며, 많은 기업에서 전문가 시스템을 도입하게 되었다. 이에 연구 자금이 새롭게 지원되기 시작했고 인공지능의 1차 부흥기(1980-1987)가 이어지게 되었다.

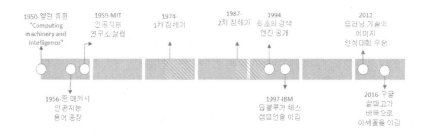

[그림 1.3] 인공지능의 발전 과정

그러나 1980년대 후반부터 고성능 개인용 컴퓨터가 보급되면서 전문가 시스템의 수요가 줄어들고 복잡한 정보 업데이트 절차로 인해 산업계에서 점점 밀려나게 되었다(김의중, 2016). 이렇게 인공지능은 두 번째 침체기(1987-1993)를 맞이하게 되었으며, 연구 자금이 다시 고갈되고 많은 연구가 중단되었다. 인공지능의 1차 부흥기 이후 컴퓨터의 속도와 성능이 기하 급수적으로 증가하기 시작하였다. 이후 연구자들은 많은 전문 분야의 문제를 해결하기 위해 고성능의 슈퍼 컴퓨터를 활용하는 고급 알고리즘을 만들 수 있게 되었다. 이러한 고성능 컴퓨팅 능력으로 인해 인공지능의 2차 부흥기(1993-2011)가 시작되었으며, 이를 대표하는 가장 극적인 사건 중 하나로 1997년 Microsoft 社의 컴퓨터 프로그램인 Deep Blue AI가 인간 세계 체스 챔피언을 상대로 최초로 승리했을 때를 들 수 있다. 이 시기의 인공지능은 특정 문제나 접근 방식에 초점을 맞춘 지능형 에이전트라는 개념으로 불렸으며 AI에 의한 알고리즘은 로봇공학, 의료 진단, 검색 엔진 등 큰 시스템의 일부에서 특정 기능을 담당하며 주로 활용되었다.

3차 부흥기(2011-현재)라고 할 수 있는 오늘날의 인공지능은 이전

시대의 성공과 실패로부터 교훈을 얻으며 발전을 거듭하고 있다. 오늘날에는 초기 인공지능 연구자들이 놀랄만큼 방대한 양의 데이터에 접근할 수 있게 되면서, 인공지능에 대한 연구가 다시 한번 새로운 부흥기를 맞을 수 있게 되었다. 이후 2012년에 열린 이미지 인식 대회인 이미지넷(Imagenet) 대회에서 Geoffrey Hinton 교수의 연구팀이 7개의 은닉층, 65만개의 뉴런, 6,000만개의 변수, 6억 3천만개의 네트워크 연결로 구성된 CNN(Convolution Neural Network)를 구성하여 최초로 딥러닝 알고리즘에 의해 84.7%의 정확도로 우승하면서 2000년대 중반부터 본격적인 연구가 시작됐던 딥러닝이 인공지능의 대명사로 대중들에게 지지받을 수 있었다. 이로 인해 구글, 페이스북, 바이두와 같은 글로벌 IT 기업은 인공지능 연구를 본격화하였고 마침내, 2016년 구글 딥마인드의 알파고가 이세돌과의 대국에서 승리를 거두면서 전세계인의 뇌리에 인공지능이라는 단어를 각인시켜주었다. 알파고 충격 이후 전세계인들은 4차 산업혁명이 가까이 다가왔음을 실감하게 되었고 정부, 기업에서 앞다투어 인공지능에 대한 지원과 연구를 해오며 인공지능의 새로운 황금기를 이어가고 있다.

2. 인공지능 기술과 4차 산업혁명

WEF(2016)는 디지털 혁명에 기반하여 물리학, 디지털, 생물학 분야 등 모든 기술 분야의 경계가 허물어지는 과학기술 융합의 시대를 '제4차 산업혁명'으로 정의하며, 초연결성에 기반한 제4차 산업혁명이 교육을 포함한 사회 전반에 커다란 영향을 미칠 것으로 전망하였다. 4차 산업혁명은 인공지능, 빅데이터, 로봇공학, 클라우드 컴퓨팅, 모바일 인터넷 등의 기술 분야의 혁신과 융복합의 가속화로 빠르게 진행되고 있으며, 그 중 인공지능 기술(머신러닝, 알고리즘 등)은 전세계인들에게 알파고 충격을 안겨주며 4차 산업혁명의 핵심 기술로 활용되고 있다.

우리 나라에서도 4차 산업혁명을 체계적으로 대비하기 위하여 대통령 직속의 4차 산업혁명위원회를 설치하고 기술·산업·사회 등 전 분야별 혁신과제를 수립하여 추진하고 있다. 우리 정부는 4차 산업혁명 시대를 선도하기 위한 5세대 이동통신 기술의 상용화, 사물인터넷 전용망 구축, 인공지능 핵심 인력 확보를 위해 다방면에서 노력하고 있으며 초지능·초연결 사회의 기반 마련을 위해 다양한 정책을 추진 중에 있다(국정기획자문위원회, 2017).

[그림 1.4] 4차 산업혁명에 따른 변화와 영향력 비교
[출처] 4차 산업혁명위원회(2018). 4차 산업혁명의 주요성과 및 추진방향

4차 산업혁명의 핵심 기술은 인공지능은 알고리즘의 진화, 컴퓨팅 성능의 비약적 향상, 수집 가능한 데이터의 증가로 인해 급속도로 발전하게 되었으며 현재 다양한 분야에서 응용되는 범위가 넓어지고 있

다. 다양한 분야로 인공지능 응용 기술이 확장되는데 필요한 기반 기술을 인공지능 요소 기술이라고 하는데 인공지능 요소 기술은 기준에 따라 분류 방식이 다양하다. Russel과 Norvig(2009)은 인공지능 요소 기술을 자연어 처리, 지식 표현, 자동 추론, 머신러닝, 컴퓨터 비전, 로봇 공학의 6가지 분야로 구분하였다. 국내의 경우, 과학기술정보통신부(2018)는 인공지능 기술을 머신러닝, 추론·지식 표현, 시각·언어·청각 지능, 상황 이해, 지능형 에이전트, 행동·협업 지능의 8가지로 분류하였고, 나영식과 조재혁(2018)은 로봇과 자율주행차 등 응용기술을 제외한 인간 지적능력 중심의 분류로 기계학습, 지식추론, 시각지능, 언어지능의 4가지로 분류하였으며, 김현철(2019)은 인공지능의 4가지 영역을 문제해결, 추론, 학습, 인식으로 제시하기도 하였다. 이 책에서는 인공지능 요소 기술의 분류 중 4차 산업혁명위원회(2018)의 머신러닝, 시각·언어·청각 지능, 상황·감정이해, 추론·지식표현, 행동·협업지능 및 지능형 에이전트의 5가지 기술 분류에 따라 내용을 살펴보기로 한다. 인공지능 요소 기술의 5가지 기술 분류별 개념은 <표 1.2>와 같다.

〈표 1.2〉 인공지능 주요 기술별 개념

인공지능 요소 기술 분류	개 념
머신러닝	데이터를 기반으로, 인지·이해 모델을 형성하거나, 최적의 해답을 찾기 위한 학습 지능
추론·지식표현	입력·학습 데이터를 기반으로 새로운 정보에 대한 답을 스스로 도출해내는 지능으로, 개별적 정보를 이해하는 단계를 넘어 각 정보간 상대적 관계를 파악하여 추론하는 단계까지 발전
시각·언어·청각 지능	인공지능이 데이터를 통해 현실 세계를 인간처럼 보고, 읽고, 듣는 감각기관에 해당하는 지능
상황·감정이해	센서 데이터(온도·습도·속도·위치 등), 사용자 데이터(의사결정 패턴, 제스처·표정 등)에 기반하여 상황·감정을 이해하는 기술
행동·협업지능 및 지능형 에이전트	학습·판단한 결과를 실행하는 단계로, 기계(로봇)의 움직임(동작제어)과 인간의 행동·판단을 보조하는데 활용(지능형 개인비서, 챗봇, 전략제언 등)되는 지능

2.1 머신러닝

머신러닝(기계 학습)은 데이터를 기반의 인지·이해 모델을 구현하거나 최적의 답을 찾기 위한 학습 지능을 말한다. 머신러닝 분야에서는 오랫동안 데이터로부터 특정 업무를 수행하기 위한 정보를 학습시키려는 연구들이 진행되어 왔으며 그 결과, 다양한 학습 모델과 알고리즘이 개발되고 있다. 딥러닝은 머신러닝의 대표적인 알고리즘으로 인공지능의 데이터를 기반으로 스스로 주요 구성요소를 검출하여 학습을 한다는 것이 기존의 머신러닝 방식과 큰 차이가 있다. 딥러닝은 연속된 층(layer)을 겹겹이 쌓아 올려 구성한 신경망(neural network)이라는 모델을 사용하여 표현 층을 학습한다. 딥러닝 알고리즘은 간단히 말하면 데이터의 표현을 학습하기 위해 입력된 정보를 여러 층(layer)를 거쳐 필터링하고, 순도 높은 정보를 추출하여 출력하는 과정이라 할 수 있다. 매우 간단한 아이디어이지만 규모를 충분히 확장하면 강력한 도구가 될 수 있는 알고리즘으로, Geoffrey Hinton 교수의 연구팀은 7개의 은닉층, 65만개의 뉴런, 6,000만개의 변수, 6억 3천만개의 네트워크 연결로 구성된 CNN(Convolution Neural Network)를 구성하여 최초로 딥러닝 알고리즘에 의해 84.7%의 정확도로 우승하였고, 본격적인 딥러닝의 시대를 열게 해주었다. 이후 알파고에도 활용된 컨볼루션 신경망(convolution neural networks) 알고리즘은 2천 9백만 가지에 달하는 기보의 이미지를 통해 바둑에서의 이길 수 있는 승률을 높이도록 학습할 수 있게 해주었다. 이러한 딥러닝 기술의 발전으로 인공지능의 머신러닝 기술은 획기적인 발전을 이루게 되었으며 사람과 비슷한 수준의 이미지 분류, 음성 인식, 필기 인식, 사람을 능가하는 바둑 실력 등이 가능하게 되었다. [그림 1.5]는 인공지능, 머신러닝, 딥러닝의 관계를 나타낸 것이다. 딥러닝은 단기간에 이루어낸 엄청난 성과를 이루어냈으며, 전세계 IT 기업들은 딥러닝 기술을 현실세계(자율주행 자동차 등)에 적용하기 위한 연구 개발에 투자를 아끼지 않고 있다.

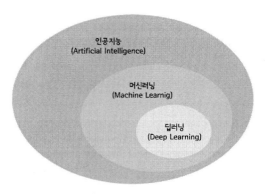

[그림 1.5] 인공지능, 머신러닝, 딥러닝의 개념도

Yufeng(2017)은 머신러닝의 훈련 과정을 ①데이터 수집, ②데이터 준비, ③모델 선택, ④훈련, ⑤평가, ⑥매개변수 조정, ⑦예측의 7단계로 제안하였다. 첫 번째 단계는 입력할 데이터를 수집하여 인공지능 모델을 개발하는데 사용이 되는데, 이를 '학습 데이터'라고 한다. 수집된 데이터의 양과 질이 좋을수록 인공지능을 통한 예측 모델의 기능이 향상될 수 있다. 다음으로 데이터 준비 단계는 머신러닝 모델 개발에게 시간이 가장 많이 걸리는 단계로 알고리즘이 읽을 수 있도록 데이터를 형식화하는 과정을 거치게 된다. 준비 단계에서의 데이터는 형식화 과정을 거쳐 클라우드 저장소 등에 업로드된다. 데이터 준비 과정에서는 중복 데이터 및 배경 잡음 제거가 포함되기도 한다. 머신러닝의 세 번째 단계는 모델 선택 단계로 기계가 대답할 수 있는 질문 유형에 따라 다양한 유형의 머신 러닝 모델이 만들어지게 된다. 이미지 기반의 머신러닝은 이미지 데이터에 맞추어진 데이터를 사용하고, 챗봇의 경우 텍스트 기반의 모델이 필요할 수도 있다. 다음으로 훈련 단계에서는 머신러닝 모델이 실제 데이터의 결과를 얼마나 정확하게 예측할 것인지에 대해 개선하는 과정이 이루어진다. 훈련 단계에서는 가중치, 편향 등을 고려하여 모델 개선이 이루어진다. 다섯 번째 단계는 모델의 '평가' 단계이다. 평가 단계에서는 모델이 실제 세계에서 어떻게 예측을 수행하게 될지를 결정하게 되며, 여섯 번째로 매개 변수 조정 단계에서는 학습 세트를 실행한 횟수나 각 학습 단계에서 기계의 예측 능력이 얼마나 향상되었는지와 같은 매개 변수를 조사하여 머신 러닝 프로세스를 조정한다. 마지막으로 예측 단계에서는 실제 세계의 데이터를 통해 인공지능 모델이 얼마나 잘 작동하는지 결정하게 된다.

머신러닝은 이와 같은 과정으로 대량의 빅데이터로부터 정교한 알고리즘을 활용하여 '학습'의 과정을 거치게 되는데, 머신러닝은 컴퓨터 비전(문자인식, 얼굴인식), 음성 인식 및 텍스트 인식, 정보 검색 및 검색 엔진, 유전 정보학(유전자 분석, 질병 진단), 컴퓨터 그래픽 및 게임(애니메이션, 가상현실), 로봇공학(경로 탐색, 자율주행차) 등 대부분의 분야에서 활용되고 있다. 머신러닝을 학습 유형에 따라 크게 세 가지로 분류하면 지도 학습과 비지도 학습 그리고 강화 학습으로 나눌 수 있다.

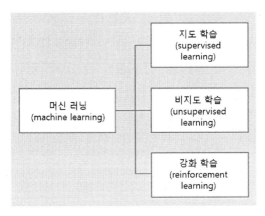

[그림 1.6] 머신러닝의 유형

지도 학습은 머신러닝이 학습을 함에 있어서 정답이 있는 데이터를 활용하여 모델을 학습시키는 것을 말한다. 예를 들어 강아지와 고양이의 이미지를 구분하는 인공지능 모델을 구현하기 위해 강아지 입력 데이터 세트에는 강아지 사진만 학습하도록 하고, 고양이 입력 데이터 세트에는 고양이 사진만 학습하도록 하는 것을 말한다. 이렇게 고양이와 강아지의 데이터 세트를 학습한 인공지능 모델은 학습한 내용을 바탕으로 강아지와 고양이를 구분해 낼 수 있게 된다. 지도 학습의 대표적인 알고리즘에는 분류(classification)와 회귀(regression)가 있다.

비지도 학습은 정답 라벨이 없는 데이터를 이용해 학습을 한다는 것이 지도 학습과 비교하여 큰 차이점을 가진다. 비지도 학습은 라벨링이 되어 있지 않은 데이터로부터 패턴이나 형태를 스스로 찾아내게 하여 학습을 하고, 새로운 데이터에 대한 결과를 분석한다. 예를 들어 여러 가지 동물들을 분류하는 경우, 각각의 어떤 동물인지 인공지능은 정의할 수 없지만 다리의 개수로 분류하는 경우, 목의 길이로 분류하는 경우, 꼬리의 길이로 분류하는 경우 등 각각 그룹화를 하는 특징별로 데이터를 나눌 수 있다. 이렇듯 비지도 학습은 지도 학습처럼 새로운 데이터를 예측하는데 사용하기 보다는 데이터가 어떻게 구성되어 있는지 그룹화해주는 알고리즘으로 볼 수 있다. 지도 학습과 비지도 학습은 어느 한 쪽이 더 뛰어나거나 발전된 개념은 아니며, 인공지능 프로그램은 데이터의 상황과 필요에 따라 두 가지의 학습 방법을 선택하여 활용하게 된다.

다음으로 강화 학습은 앞서 설명한 지도 학습, 비지도 학습과는 다른 개념으로, 인공지능이 특정 상태에서 다양한 행동을 하고 그 행동을 평가하여 더 좋은 행동을 학습하는 방법을 의미한다. 이세돌과 대국을 했던 알파고는 강화학습 모델로 만들어졌으며, 강화학습에서의 행동 선택지 및 선택한 행동의 좋은지 아닌지를 판정하는 것은 사람이 제공한다. 그래서 강화학습은 바둑이나 장기처럼 규칙이 정해져 있고 행동의 좋고 나쁨을 판단할 수 있는 문제 해결에는 적합하지만, 규칙을 정할 수 없는 문제는 적용하기 어렵다는 단점이 있다. 인공지능은 강화 학습을 통해 시행착오를 반복하면서 좋은 결과를 얻을 수 있는 확률이 높은 행동을 쉽게 취할 수 있도록 행동의 확률을 조정하게 된다. 알파고는 바둑돌을 놓는 경우의 수를 모두 학습한 것이 아니라 이길 수 있는 확률이 높은 수를 학습을 통해 결정하게 되는 것이다.

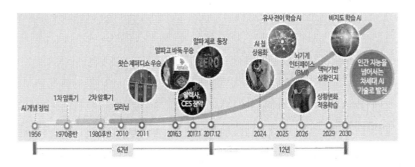

[그림 1.7] 인공지능 기술의 발전 전망

[출처] 과학기술정보통신부(2018). I-Korea 4.0 실현을 위한 인공지능 R&D 전략

2.2 추론·지식표현

추론 및 지식표현 기술은 입력·학습 데이터를 기반으로 새로운 정보에 대한 답을 스스로 도출해내는 지능으로, 개별적 정보를 이해하는 단계를 넘어 각 정보간 상대적 관계를 파악하여 추론하는 단계까지 발전하였다. 그동안 추론 영역은 인간 고유의 영역이라 여겨지며 인공지능이 도전하기 어려운 분야 중 하나였다. 그러나 텍스트, 이미지 등으로 입력되는 데이터들을 인식하여 각 데이터 간의 관계를 인식하여 문맥적, 맥락적 의미를 이해해야 하는 추론의 과정은 딥러닝 알고리즘의 발전으로 빠르게 연구, 개발되고 있다.

한편, 구글의 딥마인드는 2018년 관계 네트워크(relational

network)를 통한 관계형 추론(relational reasoning)이 가능한 인공지능을 구현하여 학계의 주목을 받았다. 이는 인공지능이 인식된 객체에서만 정보를 얻는 것이 아닌 다른 객체와의 상대적인 관계를 통해 추론이 가능하다는 것을 의미한다. 관계형 추론에 있어서 기존 방식의 최고 성능은 68.5%로 인간의 정답률인 92.6%에 미치지 못했지만, 딥마인드의 관계형 네트워크 기반의 관계형 추론 문제는 95.5%의 정답률을 기록하기도 하였다.

2.3 시각·언어·청각 지능

시각·언어·청각 지능 기술은 인공지능이 데이터를 통해 실제 세계를 인간처럼 보고, 읽고, 들을 수 있도록 해주는 감각 기관에 해당하는 기술이다. 이미지와 영상 데이터 기반의 시각 지능은 이미지 속 사물을 인식하는 단계에서 영상 속의 상황을 이해하는 단계로 발전하였으며 교통, 의료, 교육 등 다양한 분야에서 활용되고 있다(나영식, 조재혁, 2018). 특히, 딥러닝 알고리즘의 발전으로 이미지 내의 사물 인식의 정확도를 경쟁하는 ImageNet 경진대회에서 2015년 96.43%의 정확도를 달성하여 인간의 인식률(94.90%)를 추월하였으며, 2017년에는 중국의 대학팀이 97.85%의 높은 인식률을 기록하기도 하였다. 최근에는 이미지나 영상 속에서 객체의 외형적인 특징을 분석하고 이해하는 기술이 발전하고 있어, 눈, 코, 입 모양 등의 관계를 통해 감정을 추론해 내고 이미지 속 상황을 이해하여 정확하게 언어로 표현하는 기술이 가능하게 되었다(Vinyals et al., 2015).

언어·청각 지능은 프로그래밍 언어가 아닌 인간이 하는 자연어(음성, 텍스트 등)를 컴퓨터가 이해하고, 인간의 억양과 유사한 수준으로 정교하게 음성을 합성·생성(요약, 번역 등)하는 기술을 말한다. 딥마인드社는 구글의 음성 생성기술인 TTS(Text-to-Speech)를 딥러닝을 적용한 WaveNet으로 발전시켜 음성인식의 정확도가 인간의 목소리(4.55점) 수준인 4.21점을 기록하기도 하였다.

2.4 상황·감정이해

상황·감정이해 기술은 딥러닝, 신경망, 빅데이터 등 다양한 인공지능 핵심 기술들을 기반으로 하여 온도, 습도, 속도, 위치 등의 센서 데이터와 의사결정 패턴, 제스처, 표정 등의 사용자 데이터를 분석하여 상황·감정을 이해하는 기술을 말한다. 상황·감정 이해를 위해서는 안면 인식, 언어 인지, 동작 인식, 생체 인식 등을 통해 얻은 데이터를 이용하게 되며 최근에는 기계에 감정을 합성하는 감정 생성 기술, 감정 증강 기술에 대한 연구가 활발히 이루어지고 있다.

2.5 행동·협업지능 및 지능형 에이전트

학습·판단한 결과를 실행하는 기술 분야로, 로봇의 동작제어와 인간의 행동 및 판단을 보조하는데 활용되는 지능형 개인비서, 챗봇 등과 같은 지능 지능형 에이전트 분야에서는 아마존, 구글, 애플 등 대형 IT 기업을 중심으로 인공지능 스피커 형태의 제품과 스마트폰 개인 비서 서비스가 빠르게 보급되고 있으며, 자연스러운 인간과 인공지능의 상호작용에 대한 기술 개발이 활발하게 이루어지고 있다. 대표적인 인공지능 플랫폼으로는 아마존의 '알렉사', 구글의 '어시스턴트', 네이버의 '클로버', 카카오의 '카카오 i'를 들 수 있다.

3. 인공지능 시대의 미래인재 역량

4차 산업혁명을 이끄는 핵심 동력이라고 할 수 있는 인공지능 분야의 기술 경쟁력 확보를 위해 세계 주요국들은 다양한 정책들을 마련하고 적극적인 투자를 해오고 있다(김용민, 2019). 인공지능 분야 선도국인 미국, 중국, 영국 등의 국가들은 AI 경쟁력 확보를 위한 우수 인재 확보를 위해 한발 앞서 노력하고 있으며, 우리나라도 다양한 인공지능 관련 정책을 내놓으며 우수 인재 확보에 힘쓰고 있다(김용성, 2019).

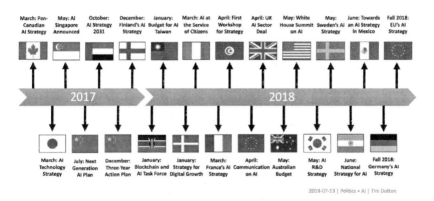

[그림 1.8] 국가별 인공지능 국가 전략 수립 현황
[출처] Dutton. T.(2018). An Overview of National AI Strategies.

4차 산업혁명이 가져오는 혁신적인 변화의 바람은 정치·경제·사회 전반에 있어서도 큰 변화를 가져오고 있다. 특히, 교육 분야에 있어서도 노동시장의 급격한 변화에 따라 전통적인 교육 시스템에 큰 영향을 미치고 있다. 점차적으로 육체노동 관련 기술, 단순 암기를 필요로 하는 직업의 수는 감소하고 있으며, 분석적 기술과 대인관계 기술을 요구하는 직업의 수는 상대적으로 증가하고 있다. 그러나 아직까지 우리의 교육 시스템이 이러한 노동시장의 변화와 시대의 변화를 선도하지 못하고 있으며, 이에 따라 인공지능 시대에 경쟁력을 갖춘 인재 선발에 많은 어려움을 겪고 있다.

현재, 초등학교에 재학 중인 학생들의 약 50% 이상이 현재 존재하지 않는 일자리를 갖게 될 것이라는 전망 속에서(Bonin et al., 2015; WEF, 2016), Mitra(2014, p.549)가 지적한 바와 같이 여전히 학교 교육은 학생들에게 일방적인 지식 전달식의 강의식 수업이 수업 방법의 대부분을 차지하고 있는 것이 현실이다. 이러한 한계 극복을 위해 우리 나라를 비롯한 세계 각국에서는 미래 사회의 혁신적인 변화에 대비한 학교 교육의 방향성 재정립에 다양한 방면으로 노력해 오고 있다(소경희 외, 2013; 이근호 외, 2012). 최근의 연구에서는 지식 전달 중심의 학교 교육을 탈피하고 학생들이 실생활에서 지식과 정보를 활용할 수 있도록 하는 역량을 길러주는 교육 방법으로 STEAM(Science, Technology, Engineering, Arts, Mathematics) 교육, 메이커(Maker) 교육 등 새로운 교육방법에 주목하고 있다(김진옥, 김진수, 2020; 백윤수 외, 2012).

WEF(2015a)는 변화하는 세상 속에서 개인들이 기초 기술(foundational skills, 역량(competencies), 인성 자질(character qualities)을 갖추어야 한다고 주장하며 16가지 핵심 기술을 '21세기 기술'로 주장하였다. 특히, WEF(2015b)는 복잡한 문제 해결, 비판적 사고, 창의력, 사람 관리, 타인과의 조정, 감성 지능, 판단과 의사 결정, 서비스 지향성, 협상, 인지적 유연성과 같은 기술들을 '사회 정서 학습 기술(Social and Emotional Learning; SEL Skills)'로 명명하

고 기술의 진보의 4차 산업 혁명의 가속화에도 이러한 역량에 대한
교육은 더욱 중요하게 여겨질 것으로 예측하고 있다.

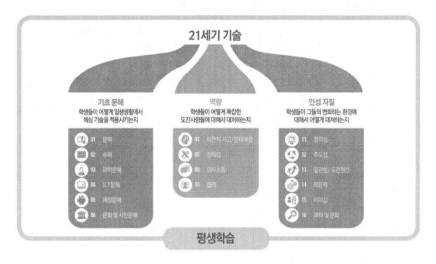

[그림 1.9] WEF에서 제시한 21세기 16가지 핵심 기술

2015 개정교육과정에서도 창의 융합인재의 양성을 교육의 궁극적
목표로 설정하고 '인문학적 상상력, 과학기술 창조력을 갖추고 바른
인성을 겸비하여 새로운 지식을 창조하고 다양한 지식을 융합하여 새
로운 가치를 창출할 수 있는 사람'으로 인재상을 정의하였다. 2015
개정교육과정에서는 미래사회를 살아갈 학습자들이 갖추어야 할 역량
으로 자기관리역량, 지식정보처리역량, 창의적 사고역량, 심미적 감성
역량, 의사소통역량, 공동체역량의 6가지를 제시하였다(교육부,
2015). 이는 스스로 지식을 학습하고 이를 내면하고 자기의 문제를
해결하며 다른 사람과 협력해서 가치 있는 일을 만들어내는 능력을
요구하는 미래사회의 요구를 반영하였다고 볼 수 있다.

〈표 1.3〉 2015 개정교육과정의 핵심역량의 의미와 구성요소

핵심역량	의미 및 구성요소
자기관리역량	자아정체감과 자신감을 가지고 자신의 삶과 진로에 필요한 기초 능력과 자질을 갖추어 자기 주도적으로 살아갈 수 있는 능력
	자아정체성 확립, 자기 통제(절제), 여가 선용, 건강관리, 기초학습능력, 자기 주도학습능력, 합리적 경제생활, 기본 생활습관, 진로개발능력 등
지식정보처리역량	문제를 합리적으로 해결하기 위하여 다양한 영역의 지식을 축적하고 처리하여 활용할 수 있는 능력
	논리적·비판적 사고를 통한 문제 인식, 정보 수집·활용 등을 통한 문제 해결 방안의 탐색, 해결방안의 실행·평가, 매체활용능력 등
창의적 사고역량	폭넓은 지초 지식을 바탕으로 다양한 전문 분야의 지식, 기술, 경험을 융합적으로 활용하여 새로운 것을 창출하는 능력
	창의적 사고기능(인지적): 유창성, 융통성, 독창성, 정교성, 유추성 등 창의적 사고성향(정의적): 민감성, 개방성, 독립성, 과제 집착력, 자발성 등
심미적 감성역량	인간에 대한 이해와 문화적 감수성을 바탕으로 삶의 의미와 가치를 발견하고 향유할 수 있는 능력
	문화적 감수성, 다원적 가치 존중, 공감, 상상력 등
의사소통역량	다양한 상황에서 자신의 생각과 감정을 효과적으로 표현하고 다른 사람의 의견을 경청하며 존중하는 능력
	말하기, 듣기(경청), 쓰기, 읽기, 텍스트 이해, 타인이해 및 존중, 배려 등
공동체역량	지국, 국가, 세계 공동체의 구성원에게 요구되는 가치와 태도를 가지고 공동체 발전에 적극적으로 참여하는 능력
	시민의식, 준법정신, 환경의식, 윤리의식, 봉사정신, 규범 적 질서의식, 협동·갈등관리, 리더십 등

이재호 외(2018)은 4차 산업혁명과 관련된 미래 교육에 대한 내용 분석을 토대로 미래 인재들이 갖추어야 할 역량으로 컴퓨팅 사고력, 과학·테크놀로지, 문화·예술, 커뮤니케이션, 세계화, 인성, 직업 전략, 그리고 이러한 역량들을 포괄하고 높은 수준으로 끌어줄 수 있는 요소로 융합적 사고력을 제시하였다.

이철현, 전종호(2020)는 4차 산업혁명 시대의 디지털 교육이 지향하는 디지털 역량으로 디지털 기기 리터러시, 디지털 콘텐츠 리터러

시, 디지털 의사소통 및 협력, 디지털 시민의식, 디지털 문제 해결, 디지털 직업 리터러시를 제시하였다.

남상선(2019)은 4차 산업혁명 시대의 인재상에 대한 교사들의 인식 유형 분석을 통해 미래 인재들에게 필요한 역량으로 정서적 공감지능, 융복합적 사고지능, 혁신적 도전지능, 종합적 사유지능을 제안하고 미래 인재 교육에 대한 새로운 방향을 모색하고자 하였다.

우리 정부에서는 범국가적인 인공지능 교육을 통해 전 국민이 인공지능을 잘 이해하고 활용할 수 있도록 하여 코로나19 이후 새롭게 맞이할 시대를 선도하기 위해 전국민 AI·SW 교육 확산 방안을 발표하였다(관계부처 합동, 2020). 우리 정부는 이를 통해 '인류 역사상 최대 수준의 대변화'에 대비하여 인공지능 시대의 확대에 따른 사회적 소외 대상이 없도록 세대·직군 등을 망라하는 범국가적인 AI 교육 전략을 마련하고자 하였다. 코로나19로 인해 전세계인의 생활 양식이 바뀌게 되고 인공지능을 기반으로 하는 디지털로의 전환은 가속화 되어 디지털 혁신을 선도할 수 있는 인재들의 AI·SW 역량이 어느때 보다 중요하게 되었다. 또한, 사회 전반에서 인공지능 기술의 적용 범위가 확대되고 인공지능을 활용하는데 그치는 것이 아니라 인공지능과 함께하기 위해서 필요한 핵심역량을 기르는 것이 요구되고 있다. '전국민 AI·SW교육 확산 방안'에서 제시한 AI인재 핵심역량에는 컴퓨팅 사고력(SW역량)을 기반으로 한 데이터 리터러시, 문제해결력, 변화 적응력, 공익적 사고력 등이 있다. 이를 종합하면 AI인재 핵심 역량이란 기존 컴퓨팅 사고력의 기반인 추상화·자동화 역량과 연계하여 머신러닝 등을 통한 기계의 자체적인 인지사고과정을 이해하고 문제해결에 활용할 수 있는 역량을 말한다.

〈표 1.4〉 AI인재 핵심 역량의 예시

컴퓨팅 사고력	데이터 리터러시	문제해결력	변화 적응력	공익적 사고력
ICT 역량 지능정보역량 기초 수학 (확률과 통계 등) 알고리즘 프로그래밍	데이터 수집 데이터 분석정제 데이터 해석 데이터 활용	논리적 추론 수학적 추론 비판적 사고 분석적 사고 창의·융합적 사고 새로운 가치 창조	유연한 인지 능동적 학습 최신 기술 적용 글로벌적 사고	윤리성 딜레마 대처 책임감 공동체 기반 소통 및 사고능력

[출처] 관계부처 합동(2020). 전국민 AI·SW교육 확산 방안

AI인재가 길러야 할 핵심 역량은 AI와 협업하고 문제해결에 AI를 활용하기 위한 다양한 수준의 역량이 있는데 이를 기초역량, 실무역량, 고급역량으로 나눌 수 있다. '전국민 AI·SW교육 확산 방안'에서 제시한 단계별 역량 체계도(안)은 [그림 1.9]와 같다.

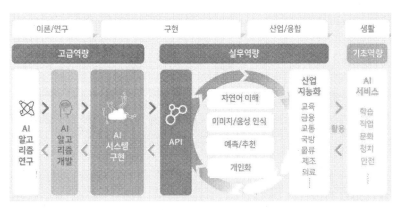

[그림 1.10] AI 단계별 역량 체계도(안)

4. 인공지능의 가능성과 한계

4.1 생활 속 인공지능 기술

기술 발전으로 인한 삶의 변화는 자연스럽게 우리의 생활 속에 받아들여지고 있으며 많은 사람들은 변화가 익숙하지 않아 어려움을 겪기도 한다. 그러나 인공지능 기술은 이미 개인적, 사회적 또는 교육적으로 다양하게 사용되고 있다. 다음에서 생활 속에서 활용되고 있는 인공 지능 기술을 살펴 보도록 한다.

4.1.1 지능형 개인 비서

스마트 홈은 실내에 있는 스마트 기기(가전제품, 조명, 센서, 보안 등)를 서로 연결하여 원격 또는 자동으로 제어하는 사물 인터넷 기술 기반 시스템을 의미한다. 스마트홈은 4.0 시대에 접어들면서 자율 동작, 개인 맞춤 서비스, 플랫폼간 연동 서비스 기능들이 추가되었고, 제어기기의 범위나 활용 가능성은 더욱 넓어지고 있다. 스마트 홈은 통신, 센서, 건축, 가전, 보안, 전력, 의료 등 다양한 산업기술이 통합되어 구현되는 홈서비스로서 지능형 개인비서와 인공지능 가전의 보급에 따라 가정에서의 활용 범위는 점점 커지고 있다. 스마트폰 내장형 개인비서와 인공지능 스피커라고 불리는 지능형 개인비서 기기는 스마트홈에서 사용자의 음성명령을 인식하고 원하는 정보를 제공하거나, 연결되어 있는 다른 인공지능 기기를 제어할 수 있게 해준다.

최근 IT 대기업 뿐만 아니라 통신사들까지 스피커형을 비롯한 다양한 형태의 지능형 개인비서 기기를 출시하고 있다. 최근 AI 스피커 등에 활용되는 자연어 처리 기술들이 비약적으로 발전하면서 지능형 개인비서 기기를 집안의 주요 가전기기와 연동하여 음성 명령으로 손쉽게 제어할 수 있게 되었다.

음성 인식을 통한 비서 서비스는 크게 플랫폼 종속형과 크로스 플랫폼형으로 나눌 수 있다. 플랫폼 종속형은 서비스 제공자가 개발한 특정 플랫폼 내에서만 서비스를 제공하는 형태로 애플 시리, 삼성 빅스비, KT 기가지니, LG Q보이스, SKT NUGU 등을 들 수 있다. 플랫폼 종속형은 실행되는 데이터와 서비스를 안정적으로 제공받을 수 있다는 장점이 있지만 해당 플랫폼에서만 비서 서비스를 이용할 수밖에 없다는 단점이 있다. 다음으로 크로스 플랫폼형은 구글 어시스턴트, 아마존 알렉사, 마이크로소프트 코타나, 카카오 I, 네이버 클로바 등을 들 수 있는데 크로스 플랫폼형은 오픈 API 형태로 특정 플랫폼에 종속되지 않고 다양한 환경에서 서비스가 가능하다는 특징이 있다.

현재 지능형 비서 서비스가 수행할 수 있는 핵심 기능을 정리하면 다음과 같다.

구글 홈	애플 홈팟	아마존 에코	삼성 갤럭시 홈
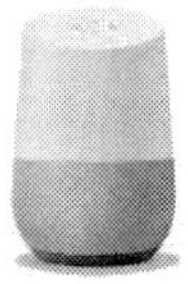			
카카오 미니/미니헥사	네이버 웨이브/프렌즈	SKT 누구	KT 기가지니

[그림 1.11] 국내외 주요 기업들의 인공지능 스피커

이와 같은 인공지능이 가진 가능성으로 개인의 생활은 더욱 더 편리함을 더해 줄 것이다. 이미 많은 사람들이 스마트폰의 개인 비서인 시리, 빅스비, 구글 어시스턴트 등을 활용하고 있으며, 가정의 인공지능 스피커에게 집안 가전 제품의 전원을 켜고 끄거나 정보를 요청하기도 한다. 또, 유튜브, 넷플릭스 등의 플랫폼에서는 나의 시청 취향에 맞게 콘텐츠를 추천해 주고 있다. 이러한 기술들은 모두 인공지능에 의한 것으로 많은 사람들은 이러한 편리함에 익숙함을 느끼며 생활하고 있다. 앞으로 더욱 개별화, 맞춤화 된 개별 광고, 넓어진 IoT 기술의 범위, 음성, 영상 인식 기술의 발달로 활용 가능한 분야는 그 폭이 더욱 넓어질 것이다.

애플 시리	구글 어시스턴트	삼성 빅스비

[그림 1.12] 스마트 폰에 탑재된 인공지능 개인 비서

4.1.2 자율주행 자동차

자율주행 자동차는 스스로 환경을 인식하고 경로와 움직임을 결정하여 이동하는 차로 국내 자동차관리법에는 '승객의 조작 없이 자동

차 스스로 운행이 가능한 자동차'로 정의되어 있다.자율주행 자동차
는 인공지능, 빅데이터, 고성능 처리 SW/HW 플랫폼, 센서 시스템
등 첨단 ICT 기술의 집약체라 할 수 있다(장필성 외, 2018, p.5). 자
율주행 자동차는 인지(sense), 판단(think), 제어(act) 등의 3단계로
시스템이 구성된다. 인지 단계에서는 첨단 센서와 고성능 전용 프로
세서, GPS 정밀 지도, 검출 및 인식 소프트웨어, 차량 통신 장치 등
이 주변 차량, 보행자, 차선, 교통 신호 등 주변 상황, 위치, 차량 상
태 등 차량의 주행에 필요한 데이터를 수집을 한다. 판단 단계에서는
수집된 데이터를 이용하여 자율주행차가 학습을 하게되고 수집된 데
이터, 지도, 교통량, 도로 상황 등을 종합하여 인공지능은 최적의 경
로, 속도 등을 결정하게 된다. 제어 단계에서는 기존의 자동차 전자
제어 기술을 활용하여 엔진, 브레이크 등 자동차의 각 부분을 스스로
제어하며 움직임을 구현하게 된다.

〈표 1.5〉 자율주행 레벨에 따른 자동차의 분류와 역할

자율주행 레벨		자동차의 역할	누가 제어하는가?			자율주행 시점
			조향, 감가속	주변 환경 감지	돌발 사태 대응	
완전 자율 주행	레벨 5 (완전자동화)	항상 모든 운전활동을 담당	자동차	자동차	자동차	상시
	레벨 4 (고도자동화)	기능을 켜면 모든 운전활동을 담당 비상시에도 사람 개입 없이 주행 완료	자동차	자동차	자동차	기능 켤 때
부분 자율 주행	레벨 3 (조건부자동화)	기능을 켜면 모든 운전 활동을 담당 비상시 사람의 개입을 요청	자동차	자동차	사람	기능 켤 때
	레벨 2 (일부자동화)	기능을 켜면 조향, 감가속 중 복수기능을 결합하여 담당	자동차	사람	사람	기능 켤 때
	레벨 1 (운전자지원)	기능을 켜면 조향, 감가속 등의 기능 중 하나를 담당	사람, 자동차	사람	사람	기능 켤 때
자율 주행 아님	레벨 0 (자동화이전)	알림, 경고등	사람	사람	사람	-

자율주행 자동차는 특정 자동차를 지칭하는 용어가 아니라, 제공되는 자율주행 기능의 정도에 따라 레벨 1~3(부분 자율)과 레벨 4~5 (완전 자율)로 구분할 수 있으며 각 레벨에 따른 자동차의 역할은 <표 1.5>와 같다. 레벨 1은 운전자를 보조하여 손이나 발을 뗄 수 있는 기능이 작동하고 레벨 2는 두 개 이상의 기능이 결합되어 손과 발을 동시에 뗄 수 있는 경우를 말한다. 레벨 3의 경우 자율주행 모드중 스스로 운전하나 돌발상황 발생시 사람이 개입 하는 경우를 말하며, 레벨 4는 자율주행 모드중 스스로 운전하며 돌발상황에서도 개입 없이 시스템 주행을 하게 된다. 마지막으로 레벨 5는 별도의 자율주행 모드 없이 상시적으로 경로만 입력하면 시스템이 자율주행하는

자동차를 말한다. 도로에 자율 주행 차량들이 많아지게 되면 도로 정체, 사고로 인한 손실, 운송 비용 낭비 등이 줄어들게 될 것이다.

4.1.3 핀테크

인공지능은 금융과 기술의 결합을 뜻하는 핀테크(fintech) 분야에서 새로운 형태의 제품 및 서비스를 제공해 주고 있다. 인공지능의 핀테크 분야 적용 사례로는 투자자문 및 주식거래, 대출을 위한 신용평가, 개인화된 금융비서, 이상 금융거래 탐지, 대화형 AI 시스템 등을 들수 있으며, 인공지능을 바탕으로 제공되는 핀테크 서비스는 인간이 제공하던 업무의 많은 영역을 대체해 나가고 있다(양희태 외, 2019).

〈표 1.6〉 인공지능의 핀테크 분야 적용 사례

분야	기능 및 효과
투자자문 및 주식거래	겅제상황 및 금융시장 분석
	알고리즘을 통한 주식거래
대출을 위한 신용평가	대출 신청자에 대한 신용도 분석
	채무 불이행 가능성 예측
개인금융 비서	개인화된 금융비스 역할
	계좌이체, 잔핵확인 등의 뱅킹 업무
이상 금융거래 탐지	사기거래 탐재
챗봇	고객 편의에 알맞은 상담 및 정보 제공

4.1.4 디지털 헬스케어

4차 산업혁명의 핵심 기술인 사물인터넷, 클라드 컴퓨팅, 빅데이터,

인공지능 등의 개인 건강관리 서비스 분야에 적용된 디지털 헬스케어는
질병예측, 진단보조, 웨어러블 기기에 적용되어 서비스되고 있다.

〈표 1.7〉 인공지능의 헬스케어 분야 적용 사례

분야	내용	활용 기술
질병 예측	다양한 의료 데이터를 연계하고 분석하여 개인 특성에 맞는 질병을 예측	머신러닝/딥러닝 자연어 처리
진단 보조	IBM의 왓슨과 같이 방대한 양의 의료 데이터에 접근하여 스스로 학습하며, 질병에 대한 정보를 검색하고 해석해 의사의 진단을 보조함	

웨어러블 장치의 기술도 크게 발전하여 일상 생활에 불편함이 있
는 장애인을 돕는 보조장치가 개발되어 상용화 될 것이다. 예를 들어
시각 장애인이 스마트 안경을 착용하면 인식된 영상에 대한 딥러닝
기반의 해석과 음성인식, 증강현실 처리 기능이 지원되어 장애인들의
일상 생활을 도울 수 있다.

4.1.5 상거래

인공지능과 데이터 관련 기술이 유통 분야에 폭넓게 적용됨에 따
라 각 상거래 기업들은 소비자 관련 데이터 수집에 힘을 기울이고
있다. 기술 발전으로 개인은 자신의 성향에 맞는 맞춤 쇼핑이 가능해
지고 인공지능이 제품 탐색, 가격비교, 결제에 이르기까지 제품 구매
전 과정에 적용되어 쇼핑의 편의성을 향상시키고 있다.

또한, 최근 성장하고 있는 무인화 점포는 인공지능 기술을 활용해
제품 결제를 자동화한 매장을 말한다. 아마존은 2016년 세계 최초로
아마존 본사 '아마존 고'라는 무인 점포를 아마존 본사에 개장하였다.

국내에서도 편의점을 중심으로 무인 점포가 늘어나고 있는 추세이며 이마트24는 국내 편의점 프랜차이즈 중 가장 많은 무인 점포를 운영 중에 있다. 무인 점포에는 다수의 카메라가 설치되어 방문하는 고객들의 이미지와 영상을 인식하고 분석한다. 또한, 고객이 들고 있는 제품을 감지하고, 물품 판매대의 압력 센서와 무게 센서가 미세한 변화를 감지하여 신속하게 물건을 구매할 수 있는 시스템을 갖추고 있다.

아마존 Co 무인 편의점	이마트 24 무인 편의점

[그림 1.13] 아마존 Go와 이마트 24의 무인화 점포

4.1.6 기타 활용 사례

첫째, 인공지능은 다양한 범죄 예방에 활용이 가능할 것이다. 최근 몇 년동안 은행과 금융기관은 보안 시스템과 은행 데이터베이스에 인공지능 모델을 도입하고 있다. 이는 자금 세탁과 기타 사기 행위 등을 방지해 주는데 활용되고 있으며, 미국의 경우 통계 데이터 기반의 예측적 범죄예방활동을 통해 범죄 발생 예상 지점을 추측하고 해당 지역에 경찰력을 집중함으로써 효율성을 높이고 있다.

둘째, 발전된 자연어 처리 기술로 전 세계 사람들이 언어의 장벽 없이 소통할 수 있을 것이다. 번역의 과정은 지역별 방언, 사회적 맥락과 같은 여러 요인에 따라 달라지지만 자연어 처리는 인간이 말하는 방식을 더 정교하게 이해할 수 있게 해 줄 것이다.

셋째, 교육에 있어서 인공지능의 역할이 확대될 것이다. 인공지능이 탑재된 교육용 장난감이 아이들과 상호작용하면서 기초적인 학습 경험을 제공할 것이며, 인공지능을 활용한 교육은 학습자의 개별화된 데이터를 바탕으로 맞춤 학습이 가능하도록 해줄 것이다.

4.2 인공지능과 사회적 영향

여러 가지 혁신적인 가능성에도 불구하고 인공지능은 다음과 같은 한계도 지니고 있다. 교육 분야에서 인공지능 기술을 활용하게 되었을 때 생길 수 있는 한계점을 알아보면 다음과 같다. 첫째, 디지털 기술에 지나치게 의존하는 경향이 생길 수 있다는 것이다. 디지털 네이티브라고 할 수 있는 지금 세대의 학생들 중 다수는 디지털 세계에 더 몰두하고 의존하여 실제 세계에서의 사람과의 사회적 상호작용에 부정적 영향을 받고 있는 경우가 있다. 이는 앞으로 인공지능 기술이 교실로 확산이 된다면 부정적 영향이 더욱 커질 수 있다.

둘째, 교사와 학생, 학생과 학생 간의 상호작용이 줄어들 것이다. 인공지능 기술이 수업 중 교사의 역할을 많이 대체함에 따라 교실에서 일어나는 개인적 상호작용이 다소 줄어들 것이다.

셋째, 노동 시장의 급격한 변화로 학교의 구성원 중에서도 실업자가 늘어날 것이다. 학교에서 교사가 하는 일 이외에도 단순 반복적인 일이나 인공지능으로 대체가 가능한 일의 경우 상당 수가 실직할 수 있을 것이다.

넷째, 학생들의 실천적 능력 및 기술에 대한 경험이 줄어들 것이다. 인공지능 기술은 많은 일들을 쉽고 간편하게 만들어 주고 있다. 따라서 생활 속에서 필요한 기술 활용 능력, 기술적 소양 등이 부족해질 수 있을 것이다.

4.3 시사점

인공지능은 이미 우리의 생활 속에서 편리함을 주고 있으며, 교육에 있어서 활용 가능성을 높게 인정받고 있다. 따라서 인공지능이 교실에 확산되고 누구나 인공지능을 통해 필요한 교육을 받을 수 있는 환경이 조성된다면 학습자 개인별 맞춤형 학습이 가능할 수 있고, 절약된 시간으로 인해 해보지 못한 다양한 활동을 해볼 수 있는 기회도 제공될 수 있을 것이다. 인공지능이 가진 비인간화, 비윤리성에 대한 우려도 있는 상황이지만 긍정적인 면을 강화하여 교육에 화용한다면 인공지능 교육의 장점은 단점보다 훨씬 클 것이다. 그러므로, 학교 교육에서도 인공지능의 시대를 멀리서 바라볼 것이 아니라 적극적으로 받아들여 긍정적인 면들을 교육적으로 활용할 수 있는 방안을 마련해야 할 것이다.

<논 의>

1. 인공지능의 개념에 대해서 설명해 보자.

2. 앨런 튜링의 튜링 테스트의 방법을 논의해 보자.

3. 인공지능의 발전 과정을 조사해 보자.

4. 인공지능의 주요 기술을 설명해 보자.

5. 머신러닝과 딥러닝의 차이를 논의해 보자.

6. 강화학습의 다양한 사례를 조사해 보자.

7. 추론·지식표현 지능의 활용 사례를 조사해 보자.

8. WEF가 제안한 16가지 핵심기술에 대해 이야기 해보자.

9. 2015 교육과정에서 제시하고 있는 각 교과 역량들을 조사해 보자.

10. 인공지능의 교육적 활용 가능성에 대해 논의해 보자.

<참고문헌>

과학기술정보통신부(2018). I-Korea 4.0 실현을 위한 인공지능(AI) R&D 전략.

관계부처 합동(2019.12). 인공지능(AI) 국가 전략.

관계부처 합동(2020.8). 전국민 AI·SW교육 확산 방안.

교육부. (2015). 초·중등학교 교육과정 총론. 교육부 고시 제 2015-74 호 [별책 1].

국정기획자문위원회(2017.7). 문재인 정부 국정운영 5개년 계획 및 100대 국정과제.

김신애, 방준성(2019). 인공지능 시대의 교육을 위한 '또 하나의 관점'. 교육원리연구, 24(1), 83-105.

김용민(2019). 주요 국가별 인공지능 (AI) 인력양성 정책 및 시사점. 보건산업 브리프.

김용성(2019). 인공지능 (AI) 시대 주요국의 인재양성정책 동향. 소프트웨어 정책연구소.

김진옥, 김진수(2020). MBS (Maker-Based STEAM) 교육을 위한 절차 모형의 이론적 탐색. 실과교육연구, 26(3), 41-64.

남상선. (2019). 4 차 산업혁명시대 인재상에 대한 교사의 인식유형 연구: 교육에서 추구하는 역량의 담론을 중심으로. 주관성 연구, 47, 119-144.

백윤수, 박현주, 김영민, 노석구, 이주연, 정진수, 최유현, 한혜숙, 최종현 (2012). 융합인재교육 (STEAM) 실행방향 정립을 위한 기초연구. 한국과학창의재단 연구보고서.

소경희, 홍원표, 송주현(2013). 주요국의 핵심역량 중심 교육과정 운영 실태조사 연구. 교육부.

양희태, 최병삼, 이제영, 장훈, 백서인, 김단비, 김선진. (2019). 인공지능 기술 전망과 혁신정책 방향-국가 인공지능 R&D 정책 개선방안을 중심으로. 정책연구, 1-321.

윤마병, 이종학, 백제은(2016). 알파고와 이세돌의 챌린지 매치에서 분석된 인공지능시대의 학습자 역량을 위한 토포필리아 융합과학 교육. 한국융합학회논문지, 7(4), 123-131.

이근호, 곽영순, 이승미, 최정순(2012). 미래 사회 대비 핵심역량 함양을 위한 국가 교육과정 구상. 한국교육과정평가원.

이재호, 백승욱, 이윤조, 이경화(2018). 미래인재 역량 정립 연구. 창의정보문화연구, 4(3), 311-320.

이철현, 전종호(2020). 4 차 산업혁명 시대의 디지털 역량 탐구. 학습자중심교과교육연구, 20, 311-338.

장필성, 백서인, 최병삼(2018). 자율주행차 사업화의 쟁점과 정책 과제. 동향과 이슈, (49), 1-31.

조영임(2016). 인공지능 기술 동향 및 발전 방향. 정보통신기술진흥센터 주간 기술동향, 1733, 13-26.

4차 산업혁명위원회(2018). 4차 산업혁명의 주요성과 및 추진방향.

Bellman, R. (1978). An introduction to artificial intelligence: Can computers think? : Thomson Course Technology.

Bonin, H., Gregory, T., & Zierahn, U. (2015). übertragung der Studie von Frey/Osborne (2013) auf Deutschland (No. 57). ZEW Kurzexpertise.

Charniak, E. (1985). Introduction to artificial intelligence. Pearson Education India.

Dutton, T. (2018). An overview of national AI strategies. Medium. Politics+ AI. June, 28.

WEF(World Economic Forum). (2016). The future of jobs: Employment, skills and workforce strategy for the fourth industrial revolution.

Haugeland, J. (1985). Artificial intelligence: the very idea. In: Cambridge, MA: MIT Press.

Kurzweil, R. (1990). The age of intelligent machines (Vol. 579): MIT press Cambridge.

Luger, G. F., & Stubblefield, W. A. (1993). Artificial Intelligence. Redwood City. In: CA: Benjamin/Cummings Pub. Co.

McCarthy, J. (1956). The Dartmouth summer research project on artificial intelligence.

Mitra, S. (2014). The future of schooling: Children and learning at the edge of chaos. Prospects, 44(4), 547-558.

Russell, S. J., & Norvig, P. (2009). Artificial intelligence: a modern approach. Prentice Hall.

Rich, E., & Knight, K. (1991). Artificial Intelligence, 109-110, NY: MGraw-Hill. In: Inc.

Schalkoff, R. J. (1990). Artificial intelligence: an engineering approach: McGraw-Hill New York.

Turing, A. (1950). Computing intelligence and machinery. Mind, 59(2236),

433-460.

Vinyals, O., Toshev, A., Bengio, S., & Erhan, D. (2017). Show and tell: a neural image caption generator. arXiv: 14114555v1.

Winston, P. H. (1992). Artificial intelligence 3rd edition. Addison-Wesley, Reading, MA, 34, 167-339.

Yufeng, G. (2017). The 7 Steps of Machine Learning. Retrived from https://towardsdatascience.com
/the-7-steps-of-machine-learning-2877d7e5548e

https://commons.wikimedia.org/wiki/File:Turing_Machine_Model_Davey_20
12.jpg

제2장. 인공지능과 메이커 융합교육의 배경

1. 인공지능과 메이커 융합교육의 개념
2. 인공지능과 메이커 융합교육의 연구 동향
3. 국·내외 인공지능과 메이커 융합교육 정책
4. 인공지능과 메이커 융합교육의 방향

제2장. 인공지능과 메이커 융합교육의 배경

1. 인공지능과 메이커 융합교육의 개념

1.1 인공지능 교육의 개념

인공지능 교육의 개념을 논의하기 위해서는 먼저 인공지능 또는 인공지능 교육이 갖는 교육적 위상을 살펴볼 필요가 있다. 인공지능 교육은 모학문의 성격상 SW교육과 흐름을 함께하는데 우리 나라에서는 2015년 초·중등 SW교육 필수화 계획을 발표하고 2018년부터 중학교 정보, 2019년부터 초등학교 실과 교과를 통해 SW 교육을 의무적으로 운영해 오고 있다. 여기에 알파고 충격에서 시작된 인공지능에 대한 관심 증대로 국가의 인공지능 경쟁력 확보를 위한 인재 양성 요구가 커지면서 인공지능 교육의 필요성이 대두되게 되었다.

이에 우리 정부는 인공지능 국가전략(관계부처 합동, 2019)을 수립하고 전 세계에서 AI를 가장 잘 활용하는 나라를 목표로 전국민 AI·SW교육을 추진·실행하고 있다. 인공지능 융합교육은 국어·과학·사회 등 타 교과 수업 시 AI를 활용한 실습 과제를 포함시켜 전공지식과 AI 역량을 동시에 길러줄 수 있는 교육 방법을 말한다. 경인교대 인공지능교육연구소(2020)는 국내 교육 상황에 맞는 인공지능 교육의 실천을 위하여 인공지능교육 프레임워크를 개발하였는데 여기에서 인공지능 교육의 범주를 크게 인공지능에 관한 교육(education about AI), 인공지능을 활용한 교육(education through AI), 인공지능에 의한 교육(education by AI)로 나누고 있다. 나아가 인공지능 소양교육과 인공지능 활용교육은 네 개 영역으로 확장하여 제시하고 있는데 여기에서 인공지능 융합교육은 '인공지능의 파워를 활용하고 인간 중심적으로 문제를 해결하기 위한 융합 능력을 신장하는 교육'으로 정의되고 있다(경인교대 인공지능교육연구소, 2020).

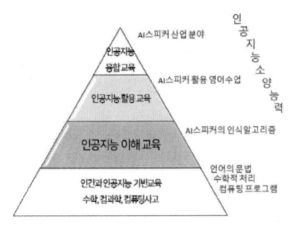

[그림 2.1] 인공지능 교육의 네 가지 유형

위의 내용을 정리하면, 인공지능 교육은 모든 학생들이 기초 소양으로서 인공지능에 대한 기본적인 지식과 역량을 갖추고 생활 속 다양한 문제들을 해결하는 융합적인 역량을 기르는 교육이라고 정의할 수 있다. 따라서 모든 학생들에게 인공지능에 대한 기초 소양을 길러 주기 위해서는 학교 교육을 통해서 인공지능 교육이 체계적으로 이루어질 필요가 있는 것이다.

1.2 메이커 융합교육의 개념

최근 4차 산업혁명 시대의 빠른 사회 변화 속도와 불확실성에 대비하기 위하여 학교 교육에 있어서 교육내용, 교수.학습 방법의 혁신에 관하여 다각도로 논의되고 있다. 현재의 학생들이 살아갈 미래 사회는 예측하기 힘든 속도로 빠르게 변화하고 있다. 또한, 앞으로의 사회에서는 지식을 누가 더 많이 암기하고 있는가는 중요하지 않게 될 것이며, 필요한 지식을 탐색하고 활용하는 능력이 더욱 중요해 질 것이라 많은 전문가들은 예상하고 있다(박기문, 2014; 박남기, 2017).

미래 사회에 필요한 역량을 길러줄 수 있는 새로운 '학습자 중심 교육' 방법으로 STEAM 교육, 메이커 교육, 소프트웨어 교육 등이 주목받고 있다(김진수 외, 2020; 김진옥, 김진수, 2019). 김진수 (2012, p.216)는 "STEAM 교육은 'learning by making'의 만들기 중심의 STEAM 체험학습이 되어야 한다."라고 주장하며 융합적 사고력과 문제 해결력을 길러줄 수 있는 교육 방법으로 STEAM 교육을 소개한 바 있다. STEAM 교육과 함께 최근 활발하게 연구되고 있는 메이커 교육은 문제 및 프로젝트 기반 접근으로, 학습자들이 창의적 산출물을 설계하고 만드는 과정을 통해 자발적으로 STEAM 지식, 기능 등을 습득하고 재구성한다는 구성주의(Papert, 1980)에 뿌리를 두고 있는 교육 방법이다. 창의적인 산출물을 만드는 과정에서 다양한 지식과 도구들을 목적에 맞게 활용하는 방법을 배우고 그 과정에서 실제적인 학습이 일어날 수 있다는 측면에서 STEAM 교육과 메이커 교육은 매우 유사한 교육 패러다임이라 할 수 있다.

최근 여러 연구에서 STEM/STEAM 교육을 활성화하는 새로운 교육내용, 방법으로 인공지능 기술, 교육용 프로그래밍 언어, 피지컬 컴퓨팅 도구, 3D 프린터 등 첨단기술 기반의 메이커 활동들을 적용하는 사례가 늘고 있으며, 유치원 교육에서 대학교육에 이르기까지 메이커 활동이 중심이 되는 다양한 교육 프로그램이 학생들의 컴퓨팅 사고력, 융합적 소양 등을 길러주기 위해 적용되고 있다(Blikstein et al., 2015; Clapp & Jimenez, 2016).

따라서 수업 혁신 담론으로서 인공지능 교육, 소프트웨어 교육, 메이커 교육, STEAM 교육 등을 유행처럼 도입되는 교수.학습의 방법으로 각기 다른 맥락으로 적용하는 것이 아닌, 자연스러운 융합교육의 형태로 정규 교육과정을 통해 적용하는 방안을 탐색하는 것이 필요한 시점이라 할 수 있다. 이는 새로운 교육 방법의 도입으로 인한 교육 현장의 피로도를 줄여주고, 현장 적용 가능성을 높이는 역할을 해줄 수 있을 것이다. 교사들은 새로운 교육 방법, 내용 등의 효율적인 적용을 위해 다양한 융합형 수업모델, 융합형 교육과정의 예시 등에 대한 다양한 요구가 있는 상황이다(김남수 외, 2011; 한국과학창의재단, 2012). 그러므로 현 시대는 급변하는 교육 환경 속에서 다양한 교육적 요구를 반영하고 교수·학습 방법이 가진 가치와 장점들을 융합교육의 형태로 통합하려는 노력이 필요한 시점이라 할 수 있다. 권유진 외(2019, p.67)의 연구에서는 초.중학교 교사를 대상으로 하는 조사 연구를 통해 실과(기술.가정) 교과가 학교 교육에서 메이커 교육을 실행하기 위해 가장 적절한 교과임을 주장하였다. 또한, 김영흥, 김진수(2017)의 연구에서는 국내 STEAM 교육 연구의 현황 분석을 통해 국내 STEAM 프로그램 개발 연구의 중심 교과로 과학, 실과를 중심 교과로 하는 융합 교육의 사례가 가장 많음을 보였다. 이밖에, 김지숙(2013), 문성환, 이승훈(2012), 최영재, 이철현(2013)

등의 연구에서도 실과 교과가 메이커 교육, STEAM 교육과 같은 기술/공학 활동 중심의 융합교육을 적용하기에 적절한 교과임을 보여주고 있다. 이는 메이커 융합교육이 추구하는 교육 철학, 내용, 방법 등이 생활 속 기술 관련 문제를 탐구하고 창의적으로 해결하는 역량을 길러주는 실과 교육의 방향과 맥을 같이하기 때문이라 할 수 있다.

이에 이 책에서는 인공지능 교육, 소프트웨어 교육, 메이커 교육, STEAM 교육 등 첨단 기술을 활용하는 융합형 교육 방법이 가진 공통적인 지향점을 바탕으로 메이커 융합교육이라는 용어를 사용하였다. 메이커 융합교육이란 공유와 개방의 메이커 정신을 바탕으로 학습자들이 다양한 대상 스스로 만들고, 발명하고, 실험하고, 고치고, 실패하고, 다시 도전하는 자율적이고 협력적인 만들기 경험을 통해 과학, 기술, 공학, 예술, 수학의 개념을 의미있게 배우고 이를 통해 융합 역량을 기를 수 있는 교육이라 정의할 수 있다. 김진옥(2018)의 연구를 바탕으로 메이커 융합교육을 구성하는 요소들의 특징을 정리한 결과는 [그림 2.2]와 같다.

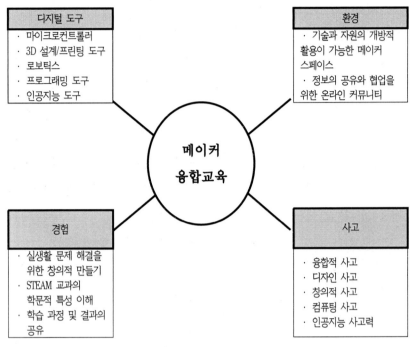

[그림 2.2] 메이커 융합교육의 구성 요소와 특징

2. 인공지능과 메이커 융합교육의 연구 동향

2.1 인공지능 교육의 연구 동향

2.1.1 국내의 교육분야 인공지능 관련 연구 동향

국내 교육분야 인공지능 관련 연구는 2016년 알파고와 이세돌의 대국 이후 연구의 양이 폭발적으로 늘어나며 인공지능의 교육적 활용

에 대한 높은 관심을 확인할 수 있었다. 인공지능을 교육에 활용하고
자 하는 시도로는 언어 교육, 미술 교육, 수학 교육 등에서 인공지능
기술을 활용하는 인공지능 기반 융합 교육 형태의 연구가 가장 활발
하게 이루어지고 있었다.

구체적인 연구 내용을 살펴보면 인공지능에 대한 교육으로서의 접
근으로 구덕회, 김동진(2020)의 데이터 과학 교육 프로그램 개발 연
구, 류미영과 한선관(2019)의 딥러닝의 개념을 위한 인공지능 교육
프로그램 개발 연구, 배제민(2017)의 인공지능 탐색 알고리즘의 교육
효과에 대한 연구, 이영석(2020)의 알고리즘 교육의 효과성 연구 등
이 있었다. 다음으로 인공지능 기술을 교과 학습에 활용하는 형태의
인공지능 활용 교육 연구에는 고권태, 이효영(2020)의 인공지능 챗봇
의 중국어 교육 활용 방안 탐색 연구, 심재권, 권대용(2020)의 초등
학생을 위한 문장의 정서 분류 인공지능 교육 콘텐츠 개발 및 적용
연구, 이성혜(2020)의 디자인씽킹 프로세스 기반의 인공지능 교육 프
로그램 적용 효과 분석 연구 등이 있었다. 이밖에 이원규, 김자미
(2020)의 AI융합 교육을 위한 교사 교육과정 개발 연구, 김태령, 한
선관(2020)의 인공지능교육에 관한 초중등교사의 인식에 관한 연구
등이 이루어지고 있었다. 2019년과 2020년에 인공지능 교육 분야의
연구가 양적으로 많이 늘어난 것을 확인할 수 있었으며 인공지능에
대한 교육, 인공지능 활용 교육, 인공지능 융합교육 등 다양한 범주
에서 인공지능을 교육적으로 활용하고자 하는 연구가 이루어졌음 알
수 있었다.

서희정과 권선아(2019)는 '교육과 인공지능'을 주제로 국내 학술지
에 게재된 연구물을 언어 네트워크 기법을 활용해 분석하였다. 2016

년을 기준으로 초기 연구(1985년~2015년)와 최근 연구(2016 년~2018년)으로 연구물을 분류하여 연결중심성과 매개중심성을 살펴 본 결과는 [그림 2.3]과 같다(서희정, 권선아, 2019, p.215).

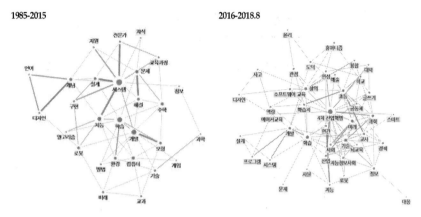

[그림 2.3] '교육과 인공지능' 주제의 연구물의 언어 네트워크 분석 결과

언어 네트워크 분석 지도에서 원의 크기가 큰 것은 연결중심성이 높은 것이고, 키워드 간의 공동 출현빈도가 높은 것은 굵은 실선으로 표시가 된다. 위의 분석 결과를 살펴보면 초기 연구논문(1985 년~2015년)은 '지능-시스템', '전문가-시스템', '시스템-설계', '개념-디자인', '개발-모형' 등의 출현빈도가 높게 나타나는 것을 확인할 수 있다.

최근(2016년~2018년)의 연구논문은 '4차 산업혁명-산업-과학', '인 간-지능', '초등-교사', '초등-학습자', '프로그램-개발' 등이 공동 출 현빈도가 높게 나타나는 것을 확인할 수 있었다. 또한 '창의', '미래', '기술' 등과 같은 키워드는 출현빈도에 비하여 연결중심성과 매개중 심성이 높은 것으로 나타났으며, 초기 연구에서는 볼 수 없었던 '메이커 교육', '소프트웨어 교육', '뇌교육' 등이 나타난 것으로 보아 최신 교수·학습 방법을 활용하여 인공지능 교육을 도입하고자 하는 시도가 이루어지고 있음을 알 수 있다.

한편, 장현진(2020)의 연구에서는 초등 실과교육에서 인공지능 관련 국내 학술 논문의 동향을 분석하였는데 초등학교 실과의 인공지능 관련 주제를 컴퓨터 및 정보교육, 기술·전기전자·발명 교육, 로봇 교육, SW 교육 및 프로그램, 인공지능 및 4차 산업혁명, 기타 주제로 구분하여 연도별 연구논문 수의 변동 추이를 살펴본 결과는 [그림 2.4]와 같다(장현진, 2020, p.39).

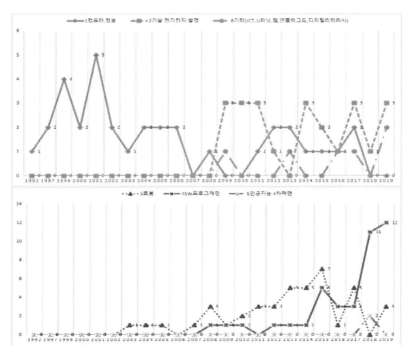

[그림 2.4] 인공지능 주제와 관련한 연구논문 수의 변동 추이

실과교육 분야에서 컴퓨터 및 정보교육 관련 주제의 연구논문은 1992년부터 연구되기 시작하여 2000년대 초반까지 활발하게 이루어진 것을 확인할 수 있다. 다음으로 기술·전기·전자·발명 교육 관련 주제의 연구논문은 2008년부터 2007 교육과정의 적용 이후 꾸준히 발표되고 있는 것을 볼 수 있다. 다음으로 로봇 교육 관련 주제의 연구논문은 2003년부터 발표되기 시작하여 2015년까지는 증가추세가 이어지다가 2016년 이후에는 SW 및 프로그래밍 교육으로 확장되는 것을 볼 수 있다. SW 및 프로그래밍 교육은 실과 교육 연구논문에서 최근 가장 활발하게 연구되고 있는 분야임을 확인할 수 있으며, 2017년 이후에는 인공지능 및 4차 산업혁명 관련 주제의 연구가 처음 나타나고 있음을 확인할 수 있다.

2.1.2 국외의 교육분야 인공지능 관련 연구 동향

해외의 교육분야 인공지능 관련 연구는 인공지능의 선도국인 미국과 중국에서 가장 활발하게 이루어지고 있다. 교육분야 인공지능 관련 연구에서 가장 활발한 분야는 지능형 튜터링 시스템(intelligent tutoring systems; ITS)을 사용하여 학습자들에게 효과적이고 구체적인 피드백을 제공하는 대화형 학습 환경(interactive learning environment; ILE)의 적용 연구이다. 이러한 연구는 전통적인 LMS(learning management systems)에 AI 기술을 결합하여 발전시킨 형태로 수학, 언어, 컴퓨터 과학, 물리학, 의학 등을 포함한 많은 교육 분야에서 활용되고 있다(VanLehn et al., 2002; Sabo et al., 2013; Koedigner el al., 2013). 지능형 튜터링 시스템(ITS)의 주된 아이디어는 학생들이 학습 과정에서 하게 되는 답변에 대한 데이터를 수집하고 이를 적용하여 학생들의 지식, 동기, 감정 등을 인공지능 모델로 만들고 이를 통해 학습자의 수준 및 개개인의 요구에 맞게 활동들을 조정하여 개별화된 교육을 제공하는 것이다. 많은 지능형 튜터링 시스템들은 머신러닝, 신경망, 자가 학습 알고리즘 등을 활용하여 모델을 구현한다.

두 번째로 많이 활용되는 교육에서의 인공지능은 학습자의 성과 측정을 위한 평가도구로서 활용의 예이다. 평가도구로서 인공지능을 활용하는 기본적인 방법은 교사가 학생의 샘플 응답 세트를 평가하고 인공지능은 이를 학습하여 채점 결정에 대해 추론하는 인공지능 모델을 만든다. 그런 다음 이 모델을 활용하여 다른 학생들의 과제를 평가할 수 있다. 이러한 분야의 연구는 수학, 물리학, 생물학 및 기타 교과의 수업을 지원하는 것이 가능하며 교사의 채점 시간을 절약해 줄 수 있다는 장점이 있다.

세 번째로 교육 방법으로서의 인공지능의 교육적 활용의 사례이다. 교실 수업에서 겪는 흔한 문제점 중 하나로 학생들 간의 학습 및 이해 속도의 격차를 들 수 있다. 학습 속도가 빠른 학생이나 느린 학생이나 자신의 속도에 맞게 개인화 된 학습 경험을 제공해 줄 수 있으며, 개인의 학습 속도, 지식 수준에 맞게 교육 콘텐츠를 재구성할 수 있다는 접근 방식이다. 최근에 많은 초·중등 교육기관이 이러한 접근 방식을 적용하기 시작했다.

2.2 메이커 융합교육의 연구 동향

2.1.1 국내의 메이커 융합교육 관련 연구 동향

STEAM 교육, SW교육 등과 함께 최근 활발하게 연구되고 있는 메이커 융합교육은 문제 및 프로젝트 기반 접근으로, 학습자들이 창의적 산출물을 설계하고 만드는 과정을 통해 자발적으로 STEAM 지식, 기능 등을 습득하고 재구성한다는 구성주의(Papert, 1980)에 뿌리를 두고 있는 교육 방법이다. 창의적인 산출물을 만드는 과정에서 다양한 지식과 도구들을 목적에 맞게 활용하는 방법을 배우고 그 과정에서 실제적인 학습이 일어날 수 있다는 측면에서 STEAM 교육과 메이커 융합교육은 매우 유사한 교육 패러다임이라 할 수 있다. 김지윤, 이태욱(2019)의 연구에서는 국내 메이커 교육의 효과성 연구에 대한 체계적 문헌고찰을 통해 메이커 교육 분야의 연구 현황을 분석한 결과 가장 연구가 활발한 분야가 융합교육 분야임을 확인하였고, 김성수, 유현석(2019)의 연구에서는 메이커 융합교육 프로그램이 학습자의 창의융합 역량에 긍정적인 영향을 미치는 것을 확인하였다.

이러한 흐름 속에서 우리 정부와 각 기관에서도 메이커 교육의 현장으로의 확산을 위해 다양한 정책을 내놓고 있으며 메이커 교육의 물리적 공간이라고 할 수 있는 메이커스페이스의 공공부문, 민간부문 운영시설이 최근 많이 늘어나고 있는 추세이다. 우리 나라는 관계부처, 기관 등의 공공 주도로 메이커 운동을 확산하기 위한 메이커 교육 방안을 적용하고자 노력하고 있으며(미래창조과학부, 2016), 3D 프린팅 기술, 피지컬 컴퓨팅 도구를 활용한 메이킹 활동 등 다양한 교육 프로그램을 개발하여 적용하고 있다. 중소벤처기업부에서는 전

국민의 메이커 활동을 지원하기 위한 메이커 운동 포털인 메이크올을 운영하고 있는데 메이크올에서는 메이커 행사 및 교육 참여, 가까운 메이커 스페이스 검색 및 예약, 메이커 프로젝트 검색, 메이커 프로젝트 정보 공유, 메이커 제품 펀딩 등의 다양한 서비스를 지원하고 있다.

강인애 외(2017), 조경미(2017) 등의 연구에서는 메이커 교육과 STEAM 교육이 확연한 차별성을 가지는 교육 형태가 아니라 학문적으로 동일한 이론적 체계를 가진다고 주장하기도 하였다. 이와 같은 맥락에서 Kim & Kim(2018)은 메이커 교육과 STEAM 교육의 장점을 융합한 메이커 기반 STEAM 교육(Maker-based STEAM Education)을 제안한 바 있다. 이러한 연구들은 메이커 교육과 STEAM 교육이 가진 교육적 가치에 주목하고 이를 정규교육과정에 적용해야 함을 주장하고 있다.

[그림 2.5] 중소벤처기업부에서 운영하는 메이커 운동 포털 '메이크올'

2.1.2 국외의 메이커 융합교육 관련 연구 동향

메이커 융합교육은 STEM/STEAM 교육과 밀접한 관련이 있고, 디지털 기술을 기반으로 하는 다양한 융합교육을 포괄하는 개념으로 국외의 연구에서는 메이커 교육의 선도 국가인 미국을 중심으로 메이커 교육을 학교 교육에 적용하기 위한 다양한 연구가 시도되고 있다 (Hlubinka et al., 2013; Martin, 2015; Peppler & Bender, 2013; Smith & Smith, 2016). Hatch(2014)는 손쉽게 접근할 수 있는 기술을 응용하여 새로운 것을 만들어내는 대중을 메이커라고 정의하며 메이커 운동 선언을 제안한 바 있으며, Anderson(2012)은 ICT 기술을 기반으로 시제품을 만들며 자신의 창작물을 공유하는 사람들을 메이커라 정의하며 메이커 운동 문화를 확산시키는데 노력하였다. Halverson과 Sheridan(2014)은 메이커 교육은 Papert(1980)의 구성주의 학습이론과 Dewey의 구성주에 뿌리를 두고 있으며 학생들이 만들기 활동을 통해 실험과 진정한 탐구를 경험하게 되며 지식을 구성하게 된다고 주장하였다.

이처럼 메이커 교육은 만들기 활동 중심의 문제 기반 학습과 프로젝트 기반 학습에 대한 접근 방법으로 STEAM 교육, 소프트웨어 교육과 철학적 뿌리를 함께하고 있으며 다양한 학문 분야의 지식, 기능을 융합한 형태의 교육을 통해 만들기(making) 활동이 중심이 되는 교육 프로그램 개발이 증가하고 있다(Blikstein, 2013; Lui, 2016).

영국, 독일 등의 유럽 국가에서는 컴퓨터 과학 분야와의 융합 교육을 위한 도구로써 메이커 교육을 주목하면서 다양한 교과를 통해 문제해결과 스스로 창작물을 만들어 볼 수 있는 프로젝트 중심 교육을 교육과정에 적용하기 위해 노력하고 있다.

중국, 일본 등의 아시아 국가에서도 메이커 교육의 중요성을 인식하고 정보화기술을 융합하여 창의성을 신장하는 융합교육을 시도하고 있다. 중국은 창객교육이라는 명칭으로 메이커 교육이 이루어지고 있는데 付希金 외(2018)의 연구에서 분석한 중국의 메이커 교육(창객교육) 관련 연구의 네트워크 분석 결과는 [그림 2.6]과 같다.

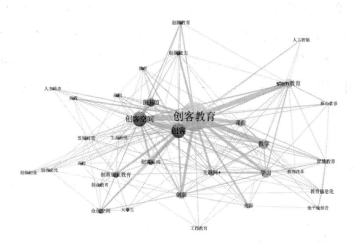

[그림 2.6] 중국 창객 교육의 네트워크 분석 결과

중국의 연구 동향을 살펴보면 '메이커(創客)', '메이커 스페이스(創客空間)', 교수·학습, 학습, STEM 교육이 연결중심성이 높았으며 '메이커교육-STEM교육', '메이커-혁신', '메이커 운동-메이커 스페이스', '메이커-기업가 정신 교육' 등이 출현빈도가 높은 것으로 확인되었다. 중국의 경우에도 메이커 교육은 STEM/STEAM 등 융합교육과 밀접한 관계가 있었으며 메이커 교육을 융합적 접근으로 교육에 적용하고자 하는 시도가 이루어지고 있음을 알 수 있다.

3. 국·내외 인공지능과 메이커 융합교육 정책

3.1 국내 인공지능 교육 관련 정책

우리 정부는 4차 산업혁명의 핵심이라고 할 수 있는 AI에 대한 국민적 관심을 제고시키고 국가적 역량을 결집시킬 수 있는 범국가적 전략으로 2019년 12월 '인공지능 국가전략'을 발표하였다(관계부처, 2019). "IT 강국을 넘어, AI 강국으로"라는 슬로건을 걸고 추진되고 있는 인공지능 국가전략은 경제 및 사회 전반의 근본적인 혁신을 위하여 기업, 국민, 학계 등의 민간 혁신을 주도하고 정부는 민간의 혁신을 적극적으로 지원할 수 있도록 추진되고 있다.

〈표 2.1〉 인공지능 시대의 혁신 주체별 역할

기업	정부
AI 산업 경쟁력 확보의 주체 AI 新서비스 발굴 및 R&D 투자 등을 통한 기술력 확보 및 혁신 생태계 조성 직원 재교육 강화 등 사회적 책임	기업/민간 역량 강화의 조력자 대형 프로젝트 등 진흥정책과 규제 · 법제도 혁신 등 산업 · 사회 인프라 조성 인재 양성 및 전 국민 미래소양 함양
국민	학계 등
AI 시대를 이끌 당사자 창의력과 SW · AI 기본 역량 제고 역동적 시장을 위한 소비주체이자 사회적 논의의 참여 주체	바람직한 AI 시대를 준비하고, 방향성을 제시하는 전문가 AI 기술 개발 및 인재 양성 역할 미래사회 연구에 주도적 참여

'인공지능 국가전략'에서는 세계 최고의 AI 인재 양성 및 전 국민 AI 교육을 위해 AI 인재 양성 프로그램을 확충하고, 다양한 전공과 AI 융합교육을 전면화하였다(관계부처, 2019). 또한, 모든 국민이 AI

를 활용할 수 있는 디지털 리터러시를 갖추도록 생애주기별, 직군별 교육 프로그램을 확대하고, SW·AI 중심으로 학교 교육체계를 개편하기로 하였다.

[그림 2.7] 인공지능 교육의 분류

[출처] 관계부처 합동(2019). 인공지능 국가전략. p.25.

SW·AI 교육을 강화하기 위한 세부 추진 과제로 'SW·AI 중심 학교 커리큘럼 개편'을 제시하였는데, 이는 초·중·고 학생의 컴퓨팅 사고력과 AI 역량 강화를 위해 SW·AI 학습 기회를 대폭 확대하는 것에 초점을 두고 있다. 초등 저학년에서는 어릴 때부터 자연스럽게 SW·AI에 대한 이해와 흥미를 기를 수 있도록 놀이와 체험 중심의 SW·AI 교육과정을 편성하도록 하였다. 또, 초등 고학년부터 중학교에서는 모든 학생들이 SW·AI의 기본 소양을 충분히 습득할 수 있도록 현행 초등 17시간, 중학교 34시간의 배정 시간을 현재의 교육 시수를 확대하거나 다른 교과와 연계한 SW·AI 융합 교육을 추진하도록 하였다. 고등학교에서는 학생들이 자발적으로 SW·AI 심화 과정을 이수할 수 있도록 SW·AI 교육과정 중점 고교를 지속적으로 확충하기로 하였다. 2020년부터 추진 중인 SW·AI 중심 학교 교육과정 개편 방향은 <표 2.2>와 같다.

〈표 2.2〉 SW· AI 중심 학교 교육과정 개편 방향

초등학교 저학년	초등학교 고학년~중학교	고등학교
흥미 배양	필수 역량함양	자발적 심화학습
SW·AI 활용 놀이·체험 확대 *AI와 책 읽기, 셈하기 등	SW 필수 교육 확대 *차기 교육과정 개편(~'22)	SW·AI 교육과정 중점 고교 *AI 융합교육 중점고 *SW 교과중점학교 *AI고교 *국립공고 3곳 AI 특화교육

'인공지능 국가전략'이 발표된 후 교육부는 인공지능(AI)으로 대변되는 지능정보사회의 발전을 선도하는 세계적 인재 양성을 목표로 과학·수학·정보·융합 교육 종합계획('20~'24)를 발표하였다. 「과학·수학·정보·융합 교육 종합계획('20~'24)」은 그동안 각각 시기를 달리하여 독립적으로 수립·추진되어 왔으나 올해부터는 교과 사이의 긴밀한 융합을 위해 과학·수학·정보·융합 종합계획을 동시에 발표하여 4개 영역이 중장기 종합계획을 동시에 수립하여 정책을 연계할 수 있도록 하였다. 특히 과학·수학·정보·융합 종합계획은 융합적 접근을 강화하여 과학·수학·정보 관련 학습 흥미를 유발하고 역량을 강화하도록 학교교육 혁신을 지원하고자 하였다.

이를 위해, 인공지능(AI), 가상·증강 현실(AR·VR) 등 최첨단 에듀테크 기술을 교육 현장에 본격적으로 도입하고자 하였으며, 인공지능을 활용한 '수학 학습 지원 시스템'을 통해 학생 개인별 맞춤형 학습진단 및 개별화 학습을 제공할 수 있도록 하였다.

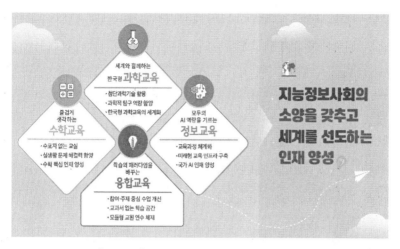

[그림 2.8] 과학수학정보·융합 종합계획의 목표

교육부는 2020년 5월 '모두의 AI 역량을 기르는 정보 교육'을 목표로 「정보교육 종합계획('20~'24)」을 발표하고 '교육과정 체계화', '미래형 교육 인프라 구축', '국가 AI인재 양성'의 세부 추진 전략을 제시하였다.

첫째, '교육과정 체계화'의 세부 전략으로 초·중등교육에서는 체계적인 정보·AI 역량을 기를 수 있도록 정보 교육과정을 강화하기로 하였다. 구체적인 내용으로, 초등학교 1~4학년은 ICT 활용 교육, 5~6학년은 정보·AI 교육을 체계적으로 실시할 수 있도록 하였다. 중학교에서는 정보 수업 시간을 확대하고, 학교급을 이어주는 체계적인 정보·AI 역량 교육이 이루어지도록 하였다. 고등학교에서는 '인공지능 기초', '데이터 과학' 등의 인공지능과 관련된 다양한 선택 과목을 신설하여 학습자들의 심화학습이 이루어질 수 있는 여건을 조성하였다.

또한, 기존 영재학교 중에서 역량을 갖춘 학교를 'AI 인재 양성학교'로 선정하고 지원하기로 하였고, 영재학교와 과학고에 '정보·AI 영재 키움' 프로그램을 운영하여 창의적이고 수준있는 연구 및 개발 역량을 길러주도록 하였다. 이와 함께 AI 분야 기초·기반 교육을 중

점적으로 운영하고 지역의 거점 역할을 담당할 'AI융합교육 거점고'
를 선정하여 운영하기로 하였다.

두 번째, '국가 AI인재 양성'의 세부 전략으로 현직 교사의 정보·
AI교육 역량 강화를 위해 교육대학원에 AI융합교육 전공을 신설하여
운영하고 매년 1,000명 내외의 AI융합교육 전문가를 길러낼 수 있도
록 하였다. 또한 예비교원의 정보·AI교육 역량 강화를 위해 초등 교
원양성 과정에서부터 정보·AI교육 지도 역량을 기르도록 하였으며,
중등 교원양성 과정에서 AI 융합 및 정보교육 역량 강화를 위해 사
범대와 교육대학원 교육과정의 개선을 지원하기로 하였다.

세 번째, '미래형 교육 인프라 구축'의 세부 전략으로 학내 무선망
구축, 보급형 기기 도입으로 1인 1태블릿 PC 제공, 클라우드 활성화
를 추진하기로 하였다. 또한, 초·중·고, 대학생, 일반인까지 AI, 머신
러닝, 데이터 과학의 기본 원리를 학습할 수 있는 '모두를 위한 AI교
육 플랫폼'을 2021년부터 구축하기로 하였다.

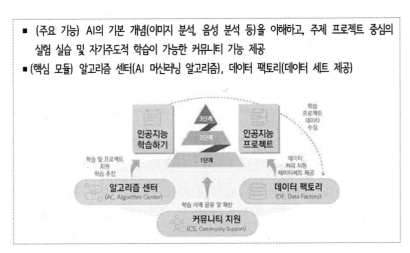

[그림 2.9] AI교육 플랫폼 개발, 구축(안)

[출처] 교육부(2020a). 정보교육 종합계획(안)

2020년 5월 과학·수학·정보교육 종합계획과 함께 발표된 「융합교육 종합계획('20~'24)」은 인공지능 기술 기반의 초지능, 초연결, 초융합으로 규정되는 미래사회에서 과학, 수학, 정보교육의 중요성이 커질 것으로 전망되면서, 융합형 프로젝트 기반의 학생 중심 교육활동을 체계적으로 지원하도록 하였다.

이를 위해 교과의 기초·기본 소양뿐만 아니라 각 교과별 융합교육을 강화하여 각 교과별 지식을 연계하여 실생활 문제를 해결할 수 있는 역량을 갖추도록 하는 학습 과정 설계를 지원하기로 하였으며, 중·고등학교의 경우 과학, 수학, 정보 교과를 바탕으로 다양한 교과가 융합된 주제 중심 프로젝트형 과목을 신실하여 정규 수업으로 편성, 운영할 수 있도록 하였다.

또한, 첨단 기술을 활용한 융합교육의 기반을 강화하기 위해 지능형 학습분석 플랫폼을 구축하여 학습자의 학습 데이터를 수집하고 인공지능을 통해 학습 성향, 흥미 등을 분석하여 개인 맞춤형 학습 서비스를 제공할 계획이다. 이와함께, AI, 빅데이터, AR·VR 등 첨단 기술을 적용한 교육용 콘텐츠 및 SW 등을 개발하고 공유하도록 하였다.

한편, 우리 정부에서는 '인공지능 국가전략'을 바탕으로 2020년 8월 '전 국민 AI·SW교육 확산 방안'을 발표하였다(관계부처 합동, 2020). '전 국민 AI·SW교육 확산 방안'은 AI가 가져올 인류사적 변화를 대비하고 AI에 따른 사회 혜택에서 배제되거나 불이익을 받는 국민이 없도록 하는 범국가적인 AI교육 전략의 성격으로 수립되었다. 이를 위해 사용자별 수요와 활용 수준에 따라 전 국민이 AI·SW 소양을 기르기 위해 맞춤형 학습이 가능한 온라인 인공지능 교육 플랫폼을 구축 중에 있으며, 누구나 거주지 인근에서 단계별 AI·SW 학습 기회를 누릴 수 있도록 지역 교육환경을 구축하기로 하였다. '전 국민 AI·SW 교육 확산 방안' 중점 추진 전략은 [그림 2.10]과 같다.

전 국민의 생활과 함께하는 AI·SW 문화 조성

[그림 2.10] 전 국민 AI·SW 교육 확산 방안의 추진 전략

3.2 국외 인공지능 교육 관련 정책

3.2.1 미국

미국은 AI를 경제 성장과 국가 안보를 강화하기 위한 4차 산업혁명의 핵심기술로 간주하고 관련 우수 인재를 양성하여 AI 선도국의 위치 공고히 하기 위해 노력하고 있다(김용성, 2019). 특히, 미국에서는 민간 주도로 AI 산업 육성 및 인력양성이 이루어지고 있으나, 연방 정부도 AI를 전략 분야로 인식하고 STEM 교육 등 AI 기초교육 강화를 통한 장기적 AI 인력양성 정책을 추진하고 있다. 다음에서 미국의 AI 관련 정책을 살펴보도록 한다.

가. 인공지능의 미래를 위한 준비(Preparing for the Future of
   AI, 2016)

미국 오바마 행정부의 대통령 직속 국가과학기술위원회는 2016년
10월 인공지능 활성화를 위한 7개 분야, 23개의 권고안을 제시하였
다. 인공지능의 역할이 커지고 있는 미래의 미국 사회를 준비하기 위
해 'STEM 교육에서 컴퓨터 과학의 강화', 'AI 관련 규제 정비',
'AI 교육과정 개발 및 효과 연구', 'AI 교육 프로그램 인증' 등을 제
시하였다. 그리고 교육기관(학교 및 대학)의 역할로는 'AI 전문 인력
교육 및 확보', '교육기관의 커리큘럼 확보', '연구개발 장려금 및 인
턴십' 등을 제시하였다.

나. 미국 AI 이니셔티브(The American AI Initiative, 2019)

트럼프 행정부는 2019년 2월 인공지능 분야에서 미국의 리더십을
가속화하기 위한 행정명령인 'The American AI Initiative'에 서명하
였다 이 행정명령은 AI 연구개발 분야에 지속적인 투자, AI 자료 공
개, AI 거버넌스 표준 설정, AI 분야 인재 양성, 국제적인 참여와
AI 기술 보호 등을 주요 내용으로 하고 있다. AI 분야 인재 양성을
위한 세부 전략으로 '전문 인력 확충을 위한 컴퓨터 과학 분야의 교
육 프로그램 운영', '국민의 AI 잠재력 향상을 위한 STEM 교육 확
대' 등을 제시하고 있다.

다. 초·중·고를 위한 인공지능 이니셔티브(AI4K12 Initiative, 2019)

미국과학재단에서는 2019년 초·중·고를 위한 인공지능 이니셔티브
(AI4K12 Initiative)를 발족시키고 인공지능 교육과정 가이드라인 개
발, 교사용 교수·학습 자료 및 도구의 아카이브 구축, 인공지능 분야
의 협업 커뮤니티 생성과 활성화를 추진하고 있다. <표 2.3>은

AI4K12의 인공지능 교육과정을 위한 5가지 빅 아이디어의 개념과
목표 및 단계별 내용을 정리한 것이다.

〈표 2.3〉 AI4K12의 인공지능 교육과정을 위한 5가지 빅 아이디어

주제	1.인식	2.표현 및 추론	3.학습	4.자연스러운 상호작용	5.사회적 영향
개념	컴퓨터는 센서를 사용하여 세계를 인식	에이전트는 세상에 대한 표현을 만들고 이를 추론에 사용	컴퓨터는 데이터를 통해 학습	지능형 에이전트가 자연스럽게 상호작용하기 위해서는 많은 종류의 지식이 필요	인공지능은 긍정적, 부정적 방식으로 사회에 영향을 미칠 수 있음
교육 목표	· 인간 감각과 센서 차이이해 · 컴퓨터 인식 작동방식과 한계 이해 · 시각, 음성 등 인식의 유형 파악 · 지능형 vs 비지능형 기계 특징 파악	· 표현의 유형 파악 · 추론 알고리즘 유형 파악 · 추론 알고리즘 작동 원리 이해 · 추론 알고리즘의 한계 이해	· 머신러닝 접근 방법 이해 · 학습 알고리즘 유형 파악 · 인공신경망 기초 개념 이해 · 데이터가 학습에 미치는 영향 · 머신러닝의 한계	· 자연어의 이해 · 감성 컴퓨팅 이해 · 상식 추론 이해 · 인간과 로봇의 자연스런 인터페이스 방식 · 인터페이스의 한계 이해	· AI가 산업, 의료, 교육, 정부 등에 미치는 영향 이해 · AI가 야기하는 윤리 딜레마 이해 · AI의 윤리적 표준 마련 필요 이해 · AI에 의한 일자리, 업무 변화 이해
단계별 교육 내용	· (K-2) Alexa나 Siri와 소통하기 · (3-5) 센서입력이 디지털신호로 전환 방법 이해 · (6-8) 센서 사용한 프로그램 개발 · (9-12) 다양한 컴퓨터 지각에 대한 배경 지식 습득	· (K-2) 의사결정 트리 활용법 습득 · (3-5) 트리를 이용한 동물 분류 시스템 표현 · (6-8) 집 위치를 그래프모델로 설계, 최소경로 추론 · (9-12) 틱택토 게임을 검색 트리로 표현	· (K-2) 이미지 인식 툴 사용하기 · (3-5) 머신러닝 방법 3가지 이해 · (6-8) 훈련 데이터 편차 해결 · (9-12) 신경망 훈련 및 간단한 알고리즘 경험	· (K-2) 긍·부정 단어 식별 · (3-5) 억양, 표정, 자세를 통한 감정 이해 · (6-8) 단순 챗봇 구성 · (9-12) 문장 분석기로 애매한 표현 다루기	· (K-2) 실생활의 AI사례 토론 · (3-5) AI 편향성에 의한 영향 설명 · (6-8) AI의 예상치 못한 결과 이유 설명 · (9-12) 사회문제 해결을 위한 AI 활용 방안 연구

3.2.2 중국

중국 정부는 2014년부터 AI를 국가 경쟁력 강화를 위한 전략적 수단으로 인식하고 정부 차원에서 강력한 지원 정책을 통해 공식적 접근을 시작하였으며, 연구개발 분야와 인재 양성 추진 등을 정부 주도로 추진하고 있다. 이에 따라 중국의 AI 산업은 빠르게 성장하고 있으며 BAT(Baidu, alibaba, Tencent) 등의 글로벌 IT 그룹을 중심으로 산업 발전과 인력양성을 동시에 추진하고 있다.

가. 차세대 AI 발전 계획(2017)

중국 최초의 국가 차원 인공지능 발전 중장기 계획으로 연구개발, 산업화, 인재 개발, 교육 및 역량 습득 등을 포함한 국가 차원의 전략적 목표를 제시하고 있다. '차세대 AI 발전 계획'의 6대 중점과제 중 1대 중점과제(개방·협력 중심의 AI 및 과학기술 혁신체계 구축)의 세부 전략에는 'AI 전문 인재 양성'이 포함되어 있다. 구체적으로 내용을 살펴보면 '고급 AI 분야 인재 양성을 위한 정책(신경인지, 머신 러닝, 지능형 로봇 등의 인공지능 분야의 국제 전문가 초빙, 기초연구 및 응용기술개발 지원 정책 개선 등)', 'AI 교육 체계 수립(AI 단과대학 및 학과 설립, AI 분야 교과목 체계 개선, AI 전공 석·박사 인력양성 등)', 또한 국가지식교육프로그램의 도입을 통해 '초·중·고교에 AI 확산 방안(표준 AI 교과서 개발, SW 및 게임 등 개발 교육 강화, AI 대회 지원 및 관련 교육 보조금 지원)' 등의 전략을 제시하였다(김용민, 2019).

나. 대학 AI혁신 행동계획(2018)

차세대 AI 발전계획(2017)의 인력양성 방안 실행을 위한 중국 교육부의 세부 계획으로 대학 등에서 AI 혁신 및 인재 양성을 위한 방안을 제시하고 있다. 자세한 내용을 살펴보면, AI 학과와 전공을 개설, AI 핵심 내용을 담은 강의 교재 개발, 대중들을 위한 인공지능 공공 서비스 플랫폼 개발, 초중고 교사 교육 프로그램에서의 AI 수업 개설, AI 분야 국제 교류 및 협력 강화 등이 추진되고 있다.

3.2.3 영국

영국은 산업계와의 협력을 통해 AI와 데이터 경제 분야 활성화를 위한 국가 차원의 발전전략과 인력 양성 정책을 추진하고 있다(김용성, 2019). 영국의 대표적인 인공지능 분야 관련 정책을 살펴보면 다음과 같다.

가. 산업 전략-AI 분야 합의안(Artificial Intelligence Sector Deal, 2018)

영국 정부는 2018년 4월 인공지능의 5개 기초분야(아이디어, 인재, 인프라, 비즈니스 환경 및 지역)에 약 10억 파운드 자금을 투자하는 내용의 정부-산업 간 AI 분야 합의안을 발표하였다. 그중 인재양성 분야에는 3개의 정부 방안과 2개의 산업계 방안을 제시하고 있다. 정부의 인공지능 분야 인재양성 방안을 살펴보면, '고급 인재의 확보를 위한 교육기관 및 산업계와 협력 방안(AI 박사과정 개설, AI 장학금 지급, 국립컴퓨팅센터 설립 등)', '글로벌 고급 인재확보 방안(비자 발급 및 이민법 개정 등)', 'AI 개발 다양성 촉진 방안(홍보를 위한 AI Council과 협력 등)'이 제시되고 있다.

나. 영국의 AI: 준비, 의지, 가능성(AI in the UK: Ready, Willing, and Able?, 2018)

영국 상원 AI 특별위원회(Select Committee on AI)는 전문가 인터뷰를 바탕으로 영국의 국가 AI 전략을 수립하여 제시하는 보고서를 발간하였다. 영국 AI 기업의 발전을 위해 영국국영은행은 AI 투자를 위한 25억 파운드 규모의 별도 기금을 조성하였고 AI 정책 프레임워크 개발을 담당하는 정부기관들의 역할을 명확하게 하도록 제언하였다(김용민, 2019; 김용성, 2019). 이 중 인재양성의 세부 정책으로는 '숙련된 AI 개발자 양성(AI박사과정, 단기 비학위 과정 개설 등)', '다양한 인재 영입(여성·소수인종의 공적지원 박사과정 확대, AI 연구자와 개발자 영입 확대 등)', '재교육(기존 인력의 재교육을 통한 일자리 대비, 교사들의 인공지능 관련 연수 시간 확보, 교사들의 인공지능 관련 정기적인 연수 참여)' 등을 제시하였다(한국정보화진흥원, 2018).

3.2.4 일본

일본은 국가 AI 전략을 수립한 두 번째 국가로서 경제 활성화를 위해 AI를 적극 활용하는 정책을 추진하고 있다. 일본의 AI 정책 중 인재 양성과 관련된 정책들은 다음과 같다.

가. AI 기술전략 실행계획(2018)

AI 기술전략 실행계획에서는 일본 AI 인력의 경쟁력 제고(인재 양성)를 위하여 AI·IT 인력을 일반 국민, 일반 IT 인재, 첨단 IT 인재의 3단계로 구분하고, 일반 국민들은 초·중등 교육 단계에서 AI·IT

기본 소양을 길러주도록 하고 있다. 일반 IT 인재들의 경우 수리·데이터 과학 교육을 강화하고 기초 AI·IT 소양에 대한 자격·검정을 확인하기로 하였다. 첨단 IT 인재의 경우 연구자 육성을 위한 해외 연수 지원, 인턴십을 통한 실천적 교육, IT 기술자의 교육 훈련 확대를 위한 지원등이 제시되었다.

나. AI 전략 2019(2019)

일본 정부는 4회 통합이노베이션 전략 추진회의에서 인공지능 분야의 인력 육성 계획을 담은 'AI 전략 2019'를 발표하였다. 이 전략의 목표 중 인재양성과 관련된 목표인 'AI 시대에 대응하는 인재 양성(교육개혁)'을 실현하기 위한 세부 추진 전략은 '교양 교육', '전문가 교육', '글로벌 전문가 교육'의 3가지로 나눌 수 있다. 교양 교육은 디지털 사회의 기초소양인 '수리, 데이터 사이언스, AI' 관련 지식, 기능과 같은 능력을 모든 국민(초중고에서 일반인)에게 갖게 하는 것이 목표이다. 전문가 교육은 문과/이과를 불문하고 대학, 고등전문학교생이 자신의 전문분야에 대한 수리, 데이터과학 AI 응용 기초력을 습득하는 것을 목표로 한다. 글로벌 전문가는 고도의 지식과 기술을 습득한 인재 양성을 위한 교육과정 설치, 대학원생 대상 교육 등을 통해 최고 능력을 가진 글로벌 인재 양성을 목표로 한다.

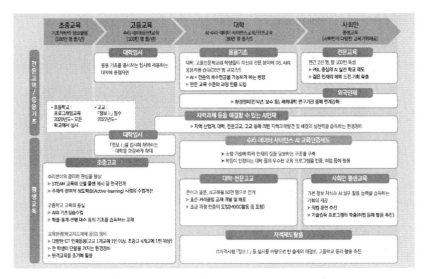

[그림 2.11] 일본 정부의 인공지능 교육 관련 주요 정책

[출처] 유재홍(2019). 일본의 인공지능 전략 동향: AI 전략 2019, 월간SW중심사회, 소프트웨어 정책연구소, p.25.

4. 인공지능과 메이커 융합교육의 방향

  인공지능 교육은 모든 학생들이 기초 소양으로서 인공지능에 대한 기본적인 지식과 역량을 갖추고 생활 속 다양한 문제들을 해결하는 융합적인 역량을 기르는 것을 목표로 하고 있다. 학습자가 기본적으로 알아야할 인공지능에 대한 기본적인 지식과 역량을 살펴보기 위해 경인교대 인공지능교육연구소(2020)의 인공지능 교육 프레임워크에서 제시하는 인공지능 교육의 7가지 대주제와 세부 내용을 살펴볼 필요가 있다. 인공지능 교육에서 다루어야 할 인공지능의 기본적인 원리에 대한 학습 주제에는 문제와 탐색, 지식과 추론, 자료와 학습, 감각

과 인지, 언어와 소통, 행동과 작용, 인공지능과 사회의 7가지를 들
수 있다. 경인교대 인공지능교육연구소(2020)에서 제시하는 인공지능
교육의 7가지 대주제와 세부 내용은 <표 2.4>와 같다.

〈표 2.4〉 인공지능 교육의 7가지 대주제와 세부 내용

주제	세부 내용
문제와 탐색	지능의 인식, 사고력의 이해, 문제해결의 과정, 탐색의 과정, 휴리스틱 탐색, 탐색의 구조화
지식과 추론	지식표현, 추론, 계획, 불확실성 처리, 애매모호성, 시간적 추론
자료와 학습	자료 과학, 통계와 확률, 자료의 패턴과 특징, 훈련과 학습, 지도 학습,비지도 학습, 강화 학습
감각과 인지	감각과 지각, 패턴인식과 인지, 문자 패턴, 시각 인식, 소리 인식, 음성 분석, 촉각 인식
언어와 소통	자연어 처리, 문서 작성, 음성 처리, 자동 번역, 감정 분석,질의 응답, 정보검색
행동과 작용	센싱, 로보틱스, 물리적 반응과 행동, 인터페이스, 인터랙션, 시각화
인공지능과 사회	사회적 영향, 윤리적 과제, 안전과 신뢰성, 프라이버시, 기술 오남용, 책임감, 인간 정체성, AI 공포심

　　미국의 초·중·고 인공지능 교육 지원 조직인 AI4K12 이니셔티브에
서는 초·중·고에서 배워야할 인공지능 교육 내용의 범위를 5가지 빅
아이디어로 제안한 바 있다. 다섯 가지 빅 아이디어는 인식, 표현 및
추론, 학습, 자연스러운 상호작용, 사회적 영향이며 이는 미국의 인공
지능 교육과정에도 반영되고 있다. AI4K12가 제안한 인공지능 교육
의 다섯 가지 빅 아이디어는 [그림 2.12]와 같다.
　　한편, 한선관(2019)는 인공지능 교육 내용을 적용하는 방법으로 신
설교과, 선택교과, 특수교과, 융합교과를 통한 네 가지 방법을 제시하
였다. 첫 번째로 신설교과를 통한 적용은 말그대로 국민공통교육과정
을 통해 누구나 배우는 AI 교과서를 만드는 것이다. 이는 유·초·중·고

의 독립교과와 대학의 교양교과로 적용할 수 있을 것이다. 두 번째 방법은 선택교과를 통해 적용하는 것이다. 이는 현재 적용되고 있는 SW 교육과정의 일부로 제시하거나 인공지능과 관련한 별도의 선택 교과를 적용하는 것이다. 세 번째 방법은 특수교과를 통해 적용하는 것이다. 전문적 심화과정으로 인공지능을 학습하는 과정으로 특성화 고, 영재교육원, AI융합대학원에서 적용이 이루어질 수 있다. 네 번째 방법은 융합교과 내에서 학습하는 방법이다. 이는 각 교과에서 AI 의 개념, 알고리즘, 프로그래밍 원리 등을 적용한 융합 수업을 적용 하며 인공지능 융합교육을 진행하는 방법이다.

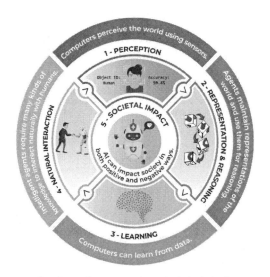

[그림 2.12] AI4K12의 AI의 다섯 가지 빅
아이디어

[출처] Touretzky et al.(2019) K-12 Guidelines for Artificial Intelligence: What Students Should Know.

한편, 메이커 교육과 STEAM 교육 이론은 20세기 초반 진보주의 교육운동의 영향을 받아 나타난 경험 중심 교육(learning by doing)과 학습자의 능동적인 지식의 구성을 강조하는 구성주의 이론에 공통된 기반을 두고 있다. 학습 방법 면에 있어서는 메이커 교육과 STEAM 교육 모두 구성주의 학습이론에 기반을 둔 프로젝트 기반 학습(project-based learning), 문제 기반 학습(problem-based learning)을 강조하고 있다.

디지털 제작 기술의 발전으로 교육에서 디지털 제작 도구를 활용하기 시작한 것은 10년여의 짧은 역사를 가지고 있다(Blikstein, 2013). 그러나 인공지능 도구, 교육용 프로그래밍 언어, 디지털 제작 도구 등을 활용한 만들기 활동의 활성화와 그에 따른 메이커 교육, STEAM 교육, 소프트웨어 교육, 인공지능 교육 등은 오랜 세월에 거쳐 다수의 교육 이론가들의 지지를 받고 있는 Dewey(1938)의 경험 중심 교육과 Piaget(1945)의 구성주의(constructivism), Papert(1980)의 구성주의(constructionism)에 기반을 둔 프로젝트 학습 접근을 따르고 있다.

교육에 있어서 실물과 연결된 실제 '경험'이 있어야 한다는 경험 중심 교육에 대한 주장은 Dewey뿐만 아니라 Freudenthal, Fröbel, Montessori, von Glasersfeld와 같은 교육 이론가 및 실천가들의 주장에서도 찾아 볼 수 있다. 메이커 융합 교육에 있어서 Dewey(1933, p.78)의 "우리는 경험을 통해 배울 수 없습니다 ... 우리는 경험에 비추어 배웁니다."라는 주장을 되새길 필요가 있다. 학습자들이 만들기 '경험'을 갖는다는 것 자체가 중요한 것이 아니라, 의미 있는 '만들기(making)' 경험과 성찰의 과정을 통해서 배움이 이루어질 수 있도록 하는 것이 중요할 것이다.

한편, 학습자가 알고 있는 것과 믿고 있는 것을 바탕으로 이루어지는 학습 경험 속에서 지식을 능동적으로 구성한다는 구성주의 학습 이론은 1990년대 이후 본격적으로 교육 현장에 받아들여지게 되었다(Richardson, 2003). 구성주의 학습이론은 Piaget, Vygotsky, Bruner 등 다양한 학자들에 의해 연구되어 왔으며, 최근에는 학습자들의 직접적인 실행을 중시하는 교수.학습 방법으로 교육에 반영되고 있다. 메이커 교육의 아버지라고 불리는 Seymour Papert는 구성주의 학습 연구소(Constructionist Learning Lab)의 창립자로 메이커 활동 중심 교수.학습에서 고려할 수 있는 8가지 빅 아이디어(big idea)를 제시하였다(Papert, 1999). 이는 메이커 융합 교육의 활동을 구성할 때 고려할 중요한 요소가 되며 이를 정리하면 <표 2.5>와 같다.

〈표 2.5〉 메이커 교육 활동에서 고려할 8가지 빅 아이디어

아이디어	내용
행함에 의한 학습	우리는 우리가 정말 원하는 것들을 만들면서 배운 것들을 활용할 때 가장 잘 배울 수 있다.
도구로써의 기술 활용	만들기를 위하여 기술을 활용하면 더 흥미로운 것들을 만들 수 있다. 이것은 특히 디지털 기술에 해당된다.
어려움의 재미	우리는 우리가 하는 것들을 즐기면서 참여할 때 가장 잘 학습할 수 있다. 재미있고 즐기는 것이 "쉬운" 것을 의미하지는 않는다. 가장 재미있는 것은 어려움의 재미이다.
학습 방법의 학습	아무도 모든 것을 알려주지 않는다. 자신의 학습에 대해서 자신이 책임을 져야 한다.
시간 관리	스스로 시간을 관리하는 방법을 배워야 한다.
실패로부터의 학습	실패를 주의 깊게 되돌아 볼 수 있어야 한다.
학습의 안내자로서의 교사	만들기의 과정에서 만나는 모든 어려움 속에서 배움의 기회를 찾아야 한다.
디지털 기술의 학습	디지털 기술에 대해 배우는 것은 읽기, 쓰기만큼 중요하다.

[출처] Papert, S. (1999). The Eight Big Ideas Behind the Constructionist Learning

Laboratory: An Investigation of Constructionism in the Maine Youth Center. Doctoral dissertation. The University of Melbourne, p.1을 재구성

구성주의 학습이론을 기반으로 하는 대표적인 학습 이론으로 프로젝트 기반 학습(project-based learning), 문제 중심 학습(problem-based learning), 창의적 문제해결학습(creative problem solving) 등 다양한 형태의 교수.학습 방법들이 활용되고 있다. STEAM 교육 연구에서는 설계 중심 교수.학습, 프로젝트 기반 학습, 공학 활동 중심 학습 등에 대한 연구들(김은길, 김종훈, 2011; 문찬원, 김종욱, 김진수, 2012; 박소정, 김방희, 김진수, 2012; 배덕현 외, 2014; 윤정교, 김방희, 김진수, 2013)이 기술 및 정보 교과를 중심으로 활발하게 이루어지고 있었으며, 이는 메이커 교육의 연구물(Bennett & Monahan, 2013, Honey & Kanter, 2013, Martinez & Stager, 2013)들과 유사한 목표와 가치를 가지고 있음을 확인할 수 있다. 따라서 메이커 교육과 STEAM 교육, 소프트웨어 교육은 어느 한쪽이 포함되는 형태가 아닌 공통된 목표와 가치를 가지는 교육이라고 볼 수 있다. 인공지능 교육 또한 그동안 메이커 융합교육에서 다루왔던 다양한 SW 교육 활동 중심의 메이커 활동의 연장선에서 인공지능의 원리와 개념을 창의적 메이킹 활동을 통해 학습할 수 있다는 점에서 융합교육적 접근이 필요함을 알 수 있다. 이상의 내용을 종합하여 인공지능과 메이커 융합교육의 실천을 위한 개념 모형을 제안하면 [그림 2.13]과 같다.

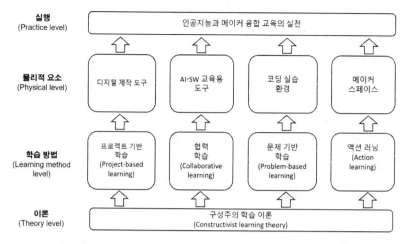

[그림 2.13] 인공지능과 메이커 융합교육의 실천을 위한 개념 모형

이상의 내용을 종합하여 인공지능 기술이 중심이 되는 4차 산업혁명 시대에 인공지능과 메이커 융합교육은 어떤 모습으로 실천되어야 것인가에 대해 제안하면 다음과 같다. 첫째, 문제해결을 위한 만들기 활동으로 학생들의 흥미, 사고력, 창의적 문제해결력, 컴퓨팅 사고력 등을 길러주며 그 속에서 인공지능의 개념과 원리를 체험해 볼수 있는 융합 교육이 되어야 한다.

둘째, 인공지능, 로봇, SW 등 첨단 기술을 활용하여 무엇인가 새로운 것을 만들어 보며 실생활 문제를 이해하고 해결하는 경험해 볼 수 있는 융합교육이 되어야 한다. 단순히 인공지능을 활용한 기술을 활용하거나 체험하는데 그치기 보다는 머신러닝, 딥러닝, 신경망 등 인공지능이 구현되는 핵심적인 원리에 대한 이해를 바탕으로 실생활 문제를 해결할 수 있는 무엇인가를 만들어 볼 수 있는 교육이 되어야 한다는 것이다. 학습자들은 이러한 과정을 통해서 인공지능 기술의 기본 개념을 쉽게 이해하고, 생활 속에 어떻게 적용할 수 있을지 새로운 아이디어를 확장시키며 인공지능 시대에 필요한 역량을 기를 수 있을 것이다.

셋째, 인공지능을 실제 활용하여 미래 사회에서 인간만의 가질 수 있는 감성, 인성에 대한 영향력을 알게 해 주는 교육이 되어야 한다. 이는 4차 산업혁명이 급속도로 진행되는 것에 따르는 비인간적, 비윤리적 부작용들을 경계하고 줄여주는데 도움이 될 것이며, 학생들의 창의성, 감성, 인성을 길러줄 수 있을 것이다.

인공지능 기술이 중심이 되는 4차 산업혁명 시대로의 변화	인공지능과 메이커 융합교육의 방향
• 이미지 인식, 음성 인식, 자동 분류 등의 인공지능 기술이 생활 속에 깊게 들어와 있음 • 세계 각국은 인공지능 시대의 인재들에게 필요한 핵심역량을 도출하고 이를 인재양성 정책을 수립, 실행 중에 있음	• 문제해결을 위한 만들기 활동으로 학생들의 흥미, 사고력, 창의적 문제해결력, 컴퓨팅 사고력 등을 길러주며 그 속에서 인공지능의 개념과 원리를 체험해 볼수 있는 융합 교육 • 인공지능 학습 도구를 활용한 융합 수업 • 자연스러운 학문간 융합으로 학습자들이 능동적으로 지식을 습득하고 구성할 수 있도록 함
• 인공지능 기술의 발전으로 다양한 교육 분야 신기술이 도입 • 일상 생활에서 인공지능 서비스와 도구를 사용하여 자신의 문제를 해결할 수 있는 역량을 기를 필요가 있음	• 인공지능, 로봇, SW 등 첨단 기술을 활용한 만들기 체험으로 실생활 문제 해결을 경험해 볼 수 있는 융합교육 • 4차 산업혁명 시대의 핵심기술인 인공지능, 로봇, SW등의 분야를 선도하는 세계 최고 수준의 인재 양성
• 인공지능 기술의 발전으로 인간만이 가질 수 있는 감성, 인성에 대한 중요성 대두 • 4차 산업혁명의 고도화에 따른 비인간화, 부작용 등에 대한 우려	• 창의성, 감성, 인성을 길러줄 수 있는 융합교육 • 4차 산업혁명에 따른 부작용을 줄이고 미래 인재들에게 요구되는 창의성, 감성, 인성을 길러줘야 함

[그림 2.14] 인공지능과 메이커 융합교육의 실천 방향

<논 의>

1. 인공지능에 관한 교육과 인공지능 활용 교육을 비교해 보자.
2. 인공지능 교육과 소프트웨어 교육의 차이점을 논의해 보자.
3. 한국인공지능교육학회가 개발한 인공지능교육 프레임워크를 조사해 보자.
4. 메이커 융합교육과 STEAM 교육, 발명 교육의 차이점을 논의해 보자.
5. 인공지능 융합교육과 메이커 융합교육의 통합 방안을 논의해 보자.
6. 미술 교과 중심의 인공지능 교육 프로그램을 조사해 보자.
7. 메이크올에 접속하여 메이커 융합교육을 위한 활동 자료를 검색해 보자.
8. SW·AI 중심 교육과정의 개편 방향에서 학교급별 차이점을 설명해 보자.
9. 중국의 인공지능 교과서를 조사해 보자.
10. 인공지능과 메이커 융합교육의 실천 방향에 대하여 논의해 보자.

<참고문헌>

강인애, 윤혜진, 황중원(2017). 메이커 교육 서울: 내하.

경인교대 인공지능교육연구소(2020). 인공지능 교육 프레임워크.

고권태, 이효영(2020). 인공지능 챗봇의 중국어 교육 활용 방안 탐색. 중국학(구중국어문
론집), 72(1), 215-233.

관계부처 합동(2019). 인공지능(AI) 국가 전략.

관계부처 합동(2020). 전국민 AI·SW교육 확산 방안.

교육부(2020a). 정보교육 종합계획(안)[2020년 ~ 2024년].

교육부(2020b). 융합교육 종합계획(안)[2020년 ~ 2024년].

교육부(2020c). 전국민 AI·SW교육 확산 방안.

구덕회, 김동진(2020). 문제 해결 학습 모형 기반의 데이터 과학 교육 프로그램 개발.
한국초등교육, 31, 203-215.

권유진, 박영수, 장근주, 이영태, 임윤진, 이은경, 박성석(2019). 학교 교육에서의 메이커
교육 활용 방안 탐색. (RRI 2019-6). 한국교육과정평가원.

김남수, 김병수, 임진영, 박상우, 박윤경(2011). 수업 모형에 대한 초등학교 교사의 인식
조사.

김성수, 유현석(2019). 시멘트와 거푸집을 이용한 중학교 메이커 교육 프로그램이 창의
융합 역량에 미치는 효과. 한국융합학회논문지, 10(6), 129-138.

김영홍, 김진수(2017). 국내 STEAM 교육 연구 논문의 현황 분석. 대한공업교육학회지,
42(1), 140-159.

김용민(2019). 주요 국가별 인공지능 (AI) 인력양성 정책 및 시사점. 보건산업브리프.

김용성(2019). 인공지능 (AI) 시대 주요국의 인재양성정책 동향. 소프트웨어 정책연구소.

김지숙(2013). STEAM 관련 통합교육 프로그램의 내용 분석: 초등실과를 중심으로. 실
과교육연구, 19(2), 71-88.

김지윤, 이태욱(2019). 국내 메이커 교육의 효과성 연구에 대한 체계적 문헌고찰. 한국컴
퓨터정보학회논문지, 24(9), 161-168.

김진수(2012). STEAM 교육론. 서울: 양서원.

김진수, 김방희, 김진옥(2020). 융합 STEAM 교육의 이해: 공감북스.

김진옥. (2018). 메이커 기반 STEAM 교육을 위한 수업 모형 개발. 한국교원대학교 대
학원 박사학위 논문. 미간행.

김진옥, 김진수(2019). MBS (Maker-Based STEAM) 수업의 '공유'도구로서 위두랑
커뮤니티 활용 방안. 한국실과교육학회 학술대회논문집.

김태령, 한선관(2020). 인공지능교육에 관한 초중등교사의 인식에 관한 연구. 교육논총, 40(3), 181-204.

류미영, 한선관(2019). 딥러닝 개념을 위한 인공지능 교육 프로그램. 정보교육학회논문지, 23(6), 583-590.

문성환, 이승훈(2012). RoS 모델 적용을 통한 실과중심의 로봇활용 STEAM 교육 프로그램 개발. 한국실과교육학회지, 25(3), 287-314.

미래창조과학부(2016). 메이커 운동 활성화 추진계획 보도자료

박기문(2014). 융합인재교육에서의 학습성과 측정을 위한 핵심역량 구성요인 개발. 한국기술교육학회지, 14(2), 234-257.

박남기(2017). 제4차 산업혁명기의 교육개혁 새패러다임 탐색. 교육학연구, 55(1), 211-240.

배제민(2017). 시각적 사고(Visual Thinking)를 통한 인공지능 탐색 알고리즘의 교육효과에 대한 연구. 중등교육연구, 65(4), 829-846.

서희정, 권선아(2019). '교육과 인공지능'을 주제로 국내 학술지에 게재된 연구물 분석 (1985-2018) : 언어 네트워크 분석 적용. 예술인문사회 융합 멀티미디어 논문지, 9(11), 209-217.

심재권, 권대용(2020). 초등학생을 위한 문장의 정서 분류 인공지능 교육 콘텐츠 개발 및 적용. 정보교육학회논문지, 24(3), 243-254.

유재홍(2019). 일본의 인공지능 전략 동향: AI 전략 2019, 월간SW중심사회, 소프트웨어정책연구소.

이성혜(2020). 디자인씽킹 프로세스 기반의 인공지능(AI) 교육 프로그램 적용 효과분석. 컴퓨터교육학회 논문지, 23(4), 49-59.

이영석(2020). 문제해결학습의 알고리즘 교육의 효과성 연구. 융합정보논문지, 10(8), 173-178.

이원규, 김자미(2020). AI융합 교육을 위한 교사 교육과정 개발. 한국융합인문학, 8(3), 29-52.

장현진(2020). 초등 실과교육에서 인공지능 관련 국내 연구 동향. 한국초등교육, 31, 33-48.

조경미(2017). 메이커 교육(Maker Education)에 기반한 유아과학교육 프로그램 개발 및 효과. (국내박사학위논문), 경성대학교 대학원, 부산. Retrieved from http://www.riss.kr/link?id=T14382606

최영재, 이철현(2013). 실과 정보 영역의 STEAM 교육이 초등학생의 정의적 특성에 미치는 영향. 실과교육연구, 19(2), 89-109.

한국과학창의재단(2012). 손에 잡히는 STEAM 교육 - 무엇이 아이들을 즐겁게 하는가. 서울

한국정보화진흥원(2018). 영국 상원, 인공 지능(AI) 전략 보고서 발표.

付希金, 郑燕林, & 现代远距离教育, 马. J. (2018). 我国创客教育研究现状, 热点及趋势——基于中国知网数据库刊载相关文献的可视化分析. (6), 42-50.

Anderson, C. (2012). Makers: The New Industrial Revolution. New York: Crown Business.

Blikstein, P. (2013). Digital fabrication and 'making'in education: The democratization of invention. FabLabs: Of machines, makers and inventors, 1-21.

Blikstein, P., Martinez, S., & Pang, H. (2015). Meaningful Making: Projects and Inspirations for FabLabs and Makerspaces. Constructing Modern Knowledge Press. Torrance, CA USA. Located on www, 22, 2015.

Clapp, E. P., & Jimenez, R. L. (2016). Implementing STEAM in maker-centered learning. Psychology of Aesthetics, Creativity, and the Arts, 10(4), 481.

Dewey, J. (1938). Experience and education: Toronto: Collier Books.

Goos, G., Hartmanis, J., van Leeuwen, J., Cerri, S. A., Gouardères, G., Paraguaçu, F., VanLehn, K. (2002). A Hybrid Language Understanding Approach for Robust Selection of Tutoring Goals.

Halverson, E. R., & Sheridan, K. (2014). The maker movement in education. Harvard Educational Review, 84(4), 495-504.

Hatch, M. (2013). The maker movement manifesto: rules for innovation in the new world of crafters, hackers, and tinkerers: McGraw Hill Professional.

Hlubinka, M., Dougherty, D., Thomas, P., Chang, S., Hoefer, S., Alexander, I., & McGuire, D. (2013). Makerspace playbook: School edition. Retrieved from Maker Media website: http://makerspace. com/wpcontent/uploads/2013/02/MakerspacePlaybook-Feb2013. pdf.

Kim, J. O., & Kim, J. (2018). Design of Maker-Based STEAM Education with Entry Programming Tool. Advanced Science Letters, 24(3), 2088-2093.

Koedinger, K. R., Brunskill, E., Baker, R. S., McLaughlin, E. A., & Stamper,

J. (2013). New potentials for data-driven intelligent tutoring system development and optimization. 34(3), 27-41.

Lui. D. (2016). Situating the 'maker movement': Tracing the implementation of an educational trend within public libraries. University of Pennsylvania,

Martin, L. (2015). The promise of the Maker Movement for education. Journal of Pre-College Engineering Education Research (J-PEER), 5(1), 30-39.

Papert, S. (1980). Mindstorms: Children, computers, and powerful ideas: Basic Books, Inc.

Papert, S. (1999). The Eight Big Ideas Behind the Constructionist Learning Laboratory: An Investigation of Constructionism in the Maine Youth Center. Doctoral dissertation. The University of Melbourne.

Peppler, K., & Bender, S. (2013). Maker movement spreads innovation one project at a time. Phi Delta Kappan, 95(3), 22-27.

Piaget, J. (1945). Play, dreams and imitation in childhood (Vol. 25): Routledge.

Sabo, R., Jin, L., Stark, N., & Ibach, R. E. (2013). Effect of environmental conditions on the mechanical properties and fungal degradation of polycaprolactone/microcrystalline cellulose/wood flour composites. BioResources Volume 8, Number 3, pp. 3322-3335; 2013, 8(3), 3322-3335.

Smith, W., & Smith, B. C. (2016). Bringing the Maker Movement to School. Science and Children, 54(1), 30.

Touretzky, D., Gardner-McCune, C., Martin, F., & Seehorn, D. (2019). K-12 Guidelines for Artificial Intelligence: What Students Should Know.

제3장. 인공지능과 메이커 융합교육의 교수
학습 방법 및 평가

1. 인공지능과 메이커 융합교육을 위한 교육과정

2. 인공지능과 메이커 융합교육의 수업 환경

3. 인공지능과 메이커 융합 교육의 교수·학습 방법 및 평가

제3장. 인공지능과 메이커 융합교육의 교수·학습 방법 및 평가

1. 인공지능과 메이커 융합교육을 위한 교육과정

1.1 인공지능 교육을 위한 교육과정

인공지능 기술 기반의 초지능, 초연결, 초융합으로 규정되는 소프트웨어(SW) 혁명은 사회 구조의 변화를 가져오고 있다. 빠르게 변화화는 사회 양상 속에서 더 이상 지식을 많이 전달하는 교육 방법은 한계가 있음을 깨닫게 해주었고, 미래사회에 살아갈 세대에 필요한 새로운 교육 내용, 방법에 대한 논의가 이루어졌다. 디지털 세대인 현재의 학생들은 학습에 있어서도 디지털 도구의 사용에 매우 익숙하며 의사소통, 과제 처리 등의 다양한 테크놀로지 기반 학습 상황을 자연스럽게 받아들이고 있다(이연승. 김주원, 2019; Bullen & Morgan, 2016). 이러한 기술의 진보에 따른 교육 환경의 변화와 함께 교실 수업에 다양한 첨단기술이 도입되는 속도는 빨라질 것이며 테크놀로지를 활용하는 역량을 길러주는 교육은 더욱 강조될 것이다.

이러한 세계적 흐름 속에서 우리 정부는 2015 개정 교육과정에서 코딩 및 컴퓨팅 사고력에 대한 내용을 포함한 소프트웨어 교육을 초등학교 실과 교과와 중학교 정보 교과를 통해 필수화하여 모든 학생들이 정규 교육 과정을 통해 소프트웨어 교육을 받을 수 있게 하였다. 2015 개정 SW교육 필수화 이후, SW교육은 초등학교에서는 실과 교과를 통해 17시간이 적용되고 있고, 중학교에서는 정보 교과를 통해 총 34시간 이상 적용되고 있으며, 고등학교에서는 일반선택 정보 과목으로 SW교육이 적용되고 있다. 2015 개정 교육과정에 따른 초·중등 소프트웨어교육의 목표는 "컴퓨터과학의 기본개념과 원리 및 기술을 바탕으로 일상생활과 타 교과의 다양한 문제를 창의적·효율적으로 해결하는 것"에 두고 있다(교육부, 미래창조과학부, 2016).

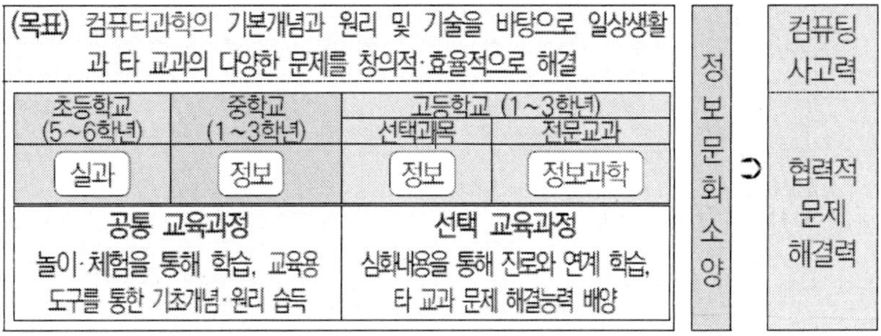

[그림 3.1] 초·중등 소프트웨어 교육 체계 및 방향성

[출처] 교육부, 미래창조과학부(2016). 「소프트웨어 교육 활성화 기본계획(안)」

김갑수 외(2020)의 연구에서는 2017년, 2018년 학계에서 수행된 초·중등 SW교육 표준 모델 연구를 바탕으로 차세대 SW교육 표준 모델을 개발하였다. 새롭게 제시된 SW교육 표준 모델에는 인공지능 교육에 대한 요구를 반영하여 '인공지능과 융합' 영역을 하위 영역으로 추가하여 제시하여 AI·SW교육의 체계적인 연계가 이루어지도록 한 것이 특징이다. 차세대 소프트웨어(SW)교육 표준 모델에서 제시하는 소프트웨어(SW)교육 표준 프레임은 [그림 3.2]와 같다.

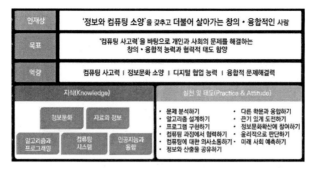

[그림 3.2] 2019 소프트웨어(SW)교육 표준 프레임

[출처] 김갑수 외(2020). 차세대 소프트웨어(SW)교육 표준 모델 개발,
정보교육학회논문지, No.24. Vol.4. p.352.

차세대 소프트웨어(SW)교육 표준 모델에서는 지식 영역의 정보문화, 자료와 정보, 알고리즘과 프로그래밍, 컴퓨팅 시스템, 인공지능과 융합의 5개의 대수준으로 구성하였으며 초등 1단계부터 고 2단계까지 수준별 내용 체계를 <표 3.1>과 같이 제시하였다.

〈표 3.1〉 SW교육 표준 모델의 '정보 문화' 내용 수준(지식 영역)

대수준	중수준	초등 1단계	초등 2단계	초등 3단계	중 1단계	중 2단계	중 3단계	고 1단계	고 2단계
정보 문화	정보 사회	•디지털 공간의 이해	•디지털 공간에서 만나는 이웃	•디지털 공간과 아날로그 공간	•정보사회와 미래 (사회변화 특징)	•정보사회에서 진로와 직업	•미래기술의 이해	•정보과학과 진로	•정보과학과 미래
	정보 윤리	•정보사회에서의 올바른 예절 •컴퓨팅 기기 사용의 바른 자세의 이해	•사이버 폭력예방 •올바른 인터넷 생활	•개인정보 보호의 중요성 •저작권보호의필요성 •인터넷 중독 예방	•개인정보의 관리	•저작권보호 방법	•개인정보 보호법의 이해 •저작권법의 이해	•디지털 시민성	•미래 정보윤리 이슈

〈표 3.1〉 SW교육 표준 모델의 내용 수준(지식 영역-요소)에서 개술

대수준	중수준	초등 1단계	초등 2단계	초등 3단계	중 1단계	중 2단계	중 3단계	고 1단계	고 2단계
자료와 정보	자료와 자료구조	•자료의 활용 •문자 자료의 이해 •숫자 자료의 이해	•자료의 종류 •사진 자료의 이해 •소리 자료의 이해	•자료와 정보의비교 •동영상 자료의이해 •애니메이션 자료의 이해	•자료의 디지털화 •숫자와 문자의표현 •배열의 이해	•아진코드 의 이해 •소리와 이미지의 표현 •리스트의 이해	•동영상 자료의 표현 •스택과 큐의 이해 •선형구조 의 이해	•효율적 표현과압축 •트리와 그래프의 이해 •비선형구조의 이해	•자료 압축의 실제 •인코딩과 디코딩 •자료 구조의 응용
	데이터베이스	-		•스프레드시트의 이해 •자료의 정렬과 필터링	•간단한 수식과 계산의 활용 •함수의 활용	•DB의 이해 •DB 개념과 모델	•관계형 DB의 활용 •DB 연산	•관계형 DB의 설계 •개체-관계 다이어그램	•DB서버 구축 및 관리
	ICT와 웹	•컴퓨팅 기기의 기본 조작 •기본 프로그램의 실행	•자료 검색 •간단한 문서 자료의 생성 •파일과 폴더의 관리	•자료 검색의 응용 •멀티미디어자료의 생성과 편집 •프리젠테이션 문서 제작	•영상자료의 생성과 편집 •클라우드 문서 작성 및	•인포그래픽의 이해 •인포그래픽의 제작	•디지털 저작물이해 •정적 웹 페이지의 제작	•디지털 저작물 정적 및 공유 •동적 웹페이지의 제작	•디지털 저작물 재생산 •오픈소스 기반 웹페이지 제작
알고리즘과 프로그래밍	알고리즘	•문제의 이해 •문제 해결 사례의 탐색 •생활 속 문제해결 과정 -문제해결 순서 •제어 구조의 이해 I -순차 구조	•문제 해결에 필요한 정보의 탐색 •생활 속 문제의 과정 표현 -알고리즘 표현(그림) •제어 구조의 이해 II -반복 구조	•문제의 분해 •생활 속 문제해결 과정 표현 -알고리즘 표현(순서도 I) •제어 구조의 이해 III -선택 구조 -제어 구조의 응용	•문제 해결 방법의 탐색 및 적용 •알고리즘의 표현 -알고리즘 표현(순서도 II) •제어 구조의 이해 IV -중첩제어구조 -다양한 알고리즘 표현	•문제에 적합한 정보의 탐색 및 선택 •문제 해결 방법의 비교 •알고리즘의 비교 •탐색/정렬(버블정렬) -정렬 알고리즘의 이해 -배열 대상의 정렬 알고리즘 -정렬 알고리즘의 적용	•문제 해결 방법의 모듈화 •탐색 알고리즘의 이해 •선형 탐색 알고리즘 •이진 탐색알고리즘 •탐색 알고리즘 적용	•문제 분해와 일반화 •다양한 알고리즘의 표현 -재귀 호출 -그리디 알고리즘 -동적 프로그래밍	•문제 해결 모델의 평가 •모듈의 평가 •알고리즘의 효율성 -시간복잡도 -공간복잡도 •알고리즘 분석 및 평가 •알고리즘 개선

96

〈표 3.1〉 SW교육 표준 모델의 내용 수준(지식 영역-요目에서 개소

대수준	중수준	초등 1단계	초등 2단계	초등 3단계	중등 1단계	중등 2단계	중등 3단계	고 1단계	고 2단계
알고리즘과 알고리즘 프로그래밍	프로그래밍	•프로그램 작성(블록기반) -순차 구조의 구현 •디버깅 -순차 구조 중심 프로그램의 오류 탐지 및 수정	•프로그램 작성(블록기반) -변수 -산술 연산 -화면 입출력 -이벤트 -선택 구조의 구현 •디버깅 -선택 구조 중심 프로그램의 오류 탐지 및 수정	•프로그램 작성(블록기반) -리스트 -논리, 비교 연산 -함수 -선택 구조의 구현 -제어 구조의 활용 •디버깅 -선택 구조 중심 프로그램의 오류 탐지 및 수정 •다양한 프로그램 구현	•프로그램 개념(텍스트 기반) -자료형 -표준 입출력 •프로그램 작성(텍스트 기반) -제어 구조 활용 (순차, 반복, 선택 중첩) •디버깅 -텍스트 기반 프로그램에서 구문 오류 탐지 및 수정 •다양한 프로그램 구현	•프로그램 개념(텍스트 기반) -함수 -배열과 리스트 •프로그램 작성 -배열 자료형 -값에 의한 정렬성과 정렬의 구현 -정렬 알고리즘 작용 구현 •디버깅 -텍스트 기반 프로그램에서 논리 오류 탐지 및 수정	•프로그램 개념(텍스트 기반) -사용자 정의 함수 -파일입출력 •프로그램 작성 -선형 탐색 -이진 탐색의 구현 •디버깅 -탐색 알고리즘 작용 구현	•프로그램 작성 -재귀 함수의 활용 -그리디알고리즘의 구현 -동적 프로그래밍의 구현 •소프트웨어개발 -프로그램 개발 과정 -프로그램 개발 방법	•효율적인 프로그램 -시공간 복잡도를 고려한 효율적인 프로그래밍 작성 •소프트웨어 공학 -프로그램 테스트 -프로그램 개발 프로젝트
컴퓨팅 시스템	하드웨어와 소프트웨어	•생활 속 컴퓨팅 기기의 종류	•하드웨어와 소프트웨어의 활용	•컴퓨팅 기기의 구성과 기능 이해	•컴퓨팅 기기 간의 상호작용 이해 •운영체제의 종류와 역할의 이해	•컴퓨팅 장치의 인터페이스 개선 •운영체제의 관리	•컴퓨팅 기기의 관리	•운영체제의 이해 •운영체제 내부 계층의 이해	•운영체제의 자원 및 작업관리
	사이버 보안과 네트워크	•암호의 이해와 사용	•다양한 암호의 설정과 정보 보호 •정보통신의 이해	•사이버 보안 문제화 정보 보호 인식 •유무선 네트워크의 설정	•다양한 물리적 보안 방식의 이해와 적용 •정보통신기기간전달 과정의 이해	•다양한 암호화 방법의 이해 •네트워크의 구성 요소 이해	•악성코드 및 외부공격에 의한 조치의 평가 •패킷을 이용한 데이터 전송의 이해	•다양한 상황에서의 보안 조치의 평가 •네트워크 프로토콜의 역할 이해 •네트워크 구성 요소간의 관계 이해	•네트워크 보안의 이해와 수준 설정 •네트워크의 확장성 및 안전성 평가
	피지컬 컴퓨팅	-	•센서의 종류와 활용	•입력 센서값의 이해와 처리	•피지컬 컴퓨팅 제어 프로그래밍 I -기본센서의 활용	•피지컬 컴퓨팅 제어 프로그래밍 II -확장센서의 활용	•피지컬 컴퓨팅 제어 프로그래밍 III -융합문제해결	•센서보드 구성과 제어 프로그래밍	•피지컬컴퓨팅의 실생활 응용 및 개발

〈표 3.1〉 SW교육 표준 모델의 '정보 문화' 내용 수준(지식 영역-요소)에서 계속

대수준	중수준	초등 1단계	초등 2단계	초등 3단계	중등 1단계	중등 2단계	중등 3단계	고 1단계	고 2단계
	데이터 과학	-		•빅데이터의 이해	•빅데이터의 활용 •올바른 빅데이터 사용	•데이터 수집 및 가공(정제 데이터) •정제 데이터 처리 및 분석	•데이터 수집 및 가공(웹 데이터) •웹 데이터 처리 및 분석	•다양한 데이터 수집 및 가공 분석 및 •데이터 분석 시각화	•사회문제 해결 이터 수집 및 가공 •사회문제 해결 이터 분석 및 시각화
인공지능과 영향	사이버 보안과 네트워크	-	•인공지능의 활용 사례성 인식 등	•인공지능의 개념 이해 •인공지능의 활용 (머신러닝 등)	•인공지능 지식표현의 이해(tree) •머신러닝의 학습 방법 이해	•인공지능 추론 방법이해 •머신러닝 접근 방법 이해(지도, 비지도, 강화) 등	•여러 분야의 지식추론 •여러 분야의 인공지능 학습(도메인)	•머신러닝의 개념과 알고리즘 •머신러닝의 데이터분석 방법(확률 통계)	•인공신경망의 개념 및 프로그램 작성 •인공신경망 실생활문제 적용
	피지컬 컴퓨팅	-	•생활 속 로봇의 종류 이해 •로봇의 영향 탐색 •올바른 로봇의 사용	•로봇의 기본 구조 이해	•일상행 로봇의 체험 •일상행 로봇의 제어 •일상행 로봇의 활용	•기초로봇의 구성 •기초로봇의 제어의 이해 및 적용	•로봇의 제어(알고리즘) •로봇 제어 •로봇 프로그래밍	•다양한 문제 해결을 위한 로봇 분석 •다양한 문제 해결을 위한 로봇 설계 및 구성 •로봇을 활용한 실생활 문제 해결	•복잡한 문제 해결을 위한 로봇 설계 및 제작 •로봇 제어 •로봇 프로그램 최적화

차세대 소프트웨어(SW)교육 표준 모델에서는 지식 영역의 정보문화, 자료와 정보, 알고리즘과 프로그래밍, 컴퓨팅 시스템, 인공지능과 융합의 5개의 영역 해설과 각 하위 영역의 해설, 단계별 수행기대를 <표 3.2>와 같이 제시하였다.

수행기대는 각 영역별 교육목표를 구현하고 역량을 함양하기 위해 각 학년 단계별로 목표 수준을 구체화하였으며, 각 단계별로 차세대 SW교육 표준 모델의 지식과 실천 및 태도에 해당하는 목표 수준을 제시하였다. 인공지능과 융합 영역의 해설과 하위 영역의 수행기대, 실천 및 태도는 <표 3.3>, <표 3.4>, <표 3.5>와 같다.

〈표 3.2〉 인공지능과 융합 영역과 하위 영역 해설

영역 해설		인공지능, 빅데이터, 로보틱스의 정의와 특징을 이해하고 인공지능과 함께 살아가야 하는 사회에 필요한 역량을 함양한다. 실생활, 다양한 학문 분야, 사회에서 인공지능, 빅데이터, 로보틱스가 활용되는 다양한 사례를 탐색하여, 문제를 해결하는 데 중점을 둔다.
하위영역해설	하위 영역	해 설
	데이터 과학	문제해결에 필요한 데이터를 수집하여 의미있는 정보를 생산하는 능력을 함양하는 데 중점을 둔다. 일상생활, 다양한 학문 분야, 사회에서 빅데이터가 활용되는 사례를 바탕으로 빅데이터의 가치를 탐색한다. 빅데이터 기술을 찾아 분석하여 의미있는 정보를 추출하고 시각화하는 내용을 다룬다.
	인공지능	윤리의식을 가지고 올바르게 인공지능을 활용하는 능력을 함양한다. 문제해결에 필요한 간단한 인공지능을 구현하는 내용을 다룬다. 인공지능이 적용된 기술을 찾아 분석함으로써 인공지능 구현 방법을 이해하며, 인공지능을 실생활에 적용하는 프로젝트를 수행한다.
	로보틱스	문제해결에 필요한 로봇을 구성 및 제어하는 능력을 함양하는 데 중점을 둔다. 일상생활, 다양한 학문 분야, 사회에서 로보틱스가 활용되는 사례를 바탕으로 로보틱스의 가치를 탐색한다. 로보틱스의 기본원리를 이해하고 구현하는 프로젝트를 수행하는 데 중점을 둔다.

〈표 3.3〉 인공지능과 융합 영역의 하위영역(데이터과학)의 단계별 수행기대

단계	수행기대 코드 (단계-영역-순서)	수행기대	실천 및 태도
초등학교 3단계	초3-AIC-14	일상생활에서 빅데이터가 적용된 사례를 탐색하고 빅데이터의 개념을 설명한다.	01. 문제 분석하기 11. 미래사회 예측하기
중학교 1단계	중1-AIC-15	일상생활에서 빅데이터가 활용되는 사례를 바탕으로 빅데이터가 사회에 미치는 영향을 탐색한다.	01. 문제 분석하기
	중1-AIC-16	윤리의식을 갖추어 빅데이터를 올바르게 사용하는 방법을 실천한다.	10. 윤리적으로 판단하기
중학교 2단계	중2-AIC-17	응용 프로그램을 활용하여 제시된 데이터를 분석하기 적합한 형태로 가공한다.	01. 문제 분석하기 07. 다른 학문과 융합하기
	중2-AIC-18	응용 프로그램을 활용하여 가공한 데이터를 목적에 맞게 처리하여 분석한다.	01. 문제 분석하기 06. 정보와 산출물을 공유하기 07. 다른 학문과 융합하기
중학교 3단계	중3-AIC-19	온라인에서 문제해결에 필요한 데이터를 수집하여 분석할 수 있는 형태로 가공한다	01. 문제 분석하기 07. 다른 학문과 융합하기
	중3-AIC-20	프로그래밍을 통해 가공한 데이터를 목적에 맞게 처리하여 분석한다.	02. 알고리즘 설계하기 03. 프로그램 구현하기 08. 끈기있게 도전하기 11. 미래 사회를 예측하기
고등학교 1단계	고1-AIC-21	문제해결에 필요한 데이터를 다양한 방식으로 수집 및 가공한다.	01. 문제 분석하기 07. 다른 학문과 융합하기
	고1-AIC-22	가공한 데이터를 분석하여 도표, 그래프 등의 형태로 시각화한다.	02. 알고리즘 설계하기 03. 프로그램 구현하기 08. 끈기있게 도전하기 11. 미래 사회를 예측하기
고등학교 2단계	고1-AIC-23	다양한 학문 분야 및 사회의 문제를 탐색하고 해결하기 위해 필요한 데이터를 수집 및 가공한다.	01. 문제 분석하기 07. 다른 학문과 융합하기
	고1-AIC-24	데이터를 분석하여 의미있는 결과를 도출하고 이를 시각화한다.	02. 알고리즘 설계하기 03. 프로그램 구현하기 08. 끈기있게 도전하기 11. 미래 사회를 예측하기

〈표 3.4〉 인공지능과 융합 영역의 하위영역(인공지능)의 단계별 수행기대

단계	수행기대 코드 (단계-영역-순서)	수행기대	실천 및 태도
초등학교 2단계	초2-AIC-01	일상생활과 사회에서 활용되는 인공지능의 다양한 사례를 알아본다.	01. 문제 분석하기 11. 미래사회 예측하기
초등학교 3단계	초3-AIC-02	인공지능이 활용되는 사례를 바탕으로 인공지능의 개념 및 가치, 사회에 미치는 영향을 탐색한다.	01. 문제 분석하기 11. 미래사회 예측하기
	초3-AIC-03	일상생활에서 활용되고 있는 간단한 인공지능을 체험하고, 활용 가능성을 이해한다.	11. 미래사회 예측하기
중학교 1단계	중1-AIC-04	인공지능의 지식 표현 방법을 이해한다.	01. 문제 분석하기 02. 알고리즘 설계하기
	중1-AIC-05	머신러닝의 학습 방법을 이해하고, 기본원리를 탐색한다.	01. 문제 분석하기 02. 알고리즘 설계하기
중학교 2단계	중2-AIC-06	다양한 추론 방법의 원리를 이해하고, 기초 알고리즘을 작성한다.	01. 문제 분석하기 02. 알고리즘 설계하기
	중2-AIC-07	머신러닝의 접근 방법(지도, 비지도, 강화 등)을 이해하고, 비교하여 적용분야를 탐색한다.	01. 문제 분석하기 02. 알고리즘 설계하기 07. 다른 학문과 융합하기
중학교 3단계	중3-AIC-08	다양한 분야의 지식과 연결된 인공지능의 추론 방법을 이해하고, 탐색한다.	01. 문제 분석하기 02. 알고리즘 설계하기 07. 다른 학문과 융합하기
	중3-AIC-09	다양한 분야의 데이터 및 지식과 연결된 머신러닝의 학습 방법을 이해하고, 탐색한다.	01. 문제 분석하기 02. 알고리즘 설계하기 07. 다른 학문과 융합하기
고등학교 1단계	고1-AIC-10	머신러닝의 개념과 원리를 이해하고, 기초 알고리즘을 작성한다.	01. 문제 분석하기 02. 알고리즘 설계하기
	고1-AIC-11	머신러닝에 필요한 데이터 분석 방법을 이해한다.	01. 문제 분석하기 02. 알고리즘 설계하기
고등학교 2단계	고2-AIC-12	인공신경망의 개념을 이해하고, 간단한 프로그램을 작성한다.	02. 알고리즘 설계하기 03. 프로그램 구현하기 04. 컴퓨팅과정에서 협력하기 07. 다른 학문과 융합하기 08. 끈기있게 도전하기
	고2-AIC-13	간단한 인공신경망 프로그램을 제작하고 실생활 문제해결에 적용한다.	02. 알고리즘 설계하기 03. 프로그램 구현하기 04. 컴퓨팅과정에서 협력하기 07. 다른 학문과 융합하기 08. 끈기있게 도전하기

〈표 3.5〉 인공지능과 융합 영역의 하위영역(로보틱스)의 단계별 수행기대

단계	수행기대 코드 (단계-영역-순서)	수행기대	실천 및 태도
초등학교 2단계	초2-AIC-25	일상생활에서 로봇 활용 사례를 탐색하고 로봇의 역할을 설명한다.	01. 문제 분석하기
	초3-AIC-26	로봇이 일상생활에 미치는 영향을 탐색한다.	01. 문제 분석하기 11. 미래사회를 예측하기
	초3-AIC-27	윤리의식을 갖추어 로봇을 올바르게 사용하는 방법을 실천한다.	10. 윤리적으로 판단하기
초등학교 3단계	초3-AIC-28	다양한 로봇을 탐색하고 용도에 따른 로봇의 기본 구조를 알아본다.	01. 문제 분석하기 07. 다른 학문과 융합하기
중학교 1단계	중1-AIC-29	완성형 로봇의 작동 원리를 분석한다.	01. 문제 분석하기 07. 다른 학문과 융합하기
	중1-AIC-30	완성형 로봇의 기본적인 제어 방법을 이해하고 적용한다.	02. 알고리즘 설계하기 03. 프로그램 구현하기
	중1-AIC-31	완성형 로봇을 문제해결에 활용한다.	02. 알고리즘 설계하기 03. 프로그램 구현하기 08. 끈기있게 도전하기
중학교 2단계	중2-AIC-32	활용 목적에 맞는 로봇을 구성한다.	01. 문제 분석하기
	중2-AIC-33	구성한 로봇을 제어하는 기본적인 방법을 이해하고 적용한다.	02. 알고리즘 설계하기 03. 프로그램 구현하기
중학교 3단계	중3-AIC-34	문제해결에 필요한 로봇을 제작한다.	01. 문제 분석하기
	중3-AIC-35	제작한 로봇을 제어하는 알고리즘과 프로그램을 작성하여 문제를 해결한다.	02. 알고리즘 설계하기 03. 프로그램 구현하기 08. 끈기있게 도전하기
고등학교 1단계	고1-AIC-36	여러 학문 분야 문제해결에 필요한 로봇의 특징을 분석한다.	01. 문제 분석하기
	고1-AIC-37	여러 학문 분야 문제해결에 필요한 로봇의 구조와 기초 동작을 설계한다.	01. 문제 분석하기 02. 알고리즘 설계하기
	고1-AIC-38	문제해결에 필요한 로봇을 구성한다.	01. 문제 분석하기 03. 프로그램 구현하기
	고1-AIC-39	로봇 프로그램을 완성하여 학문 분야 문제를 해결한다.	03. 프로그램 구현하기 08. 끈기있게 도전하기
고등학교 2단계	고2-AIC-40	여러 학문 분야 또는 사회의 문제를 분석하여 필요한 로봇을 설계 및 제작한다.	01. 문제 분석하기
	고2-AIC-41	로봇을 제어하는 프로그램을 완성한 후 효과적이고 효율적인 형태로 정교화한다.	02. 알고리즘 설계하기 03. 프로그램 구현하기 08. 끈기있게 도전하기

1.2 메이커 융합교육을 위한 교육과정

메이커 융합교육을 학교 교육에 적용하기 위한 방안으로는 교과를 통해 반영하거나 창의적 체험활동 등을 통해 반영할 수 있을 것이다. 이 중 교과를 통해 메이커 기반 융합 수업을 적용하는 방안은 기존 교과의 목표, 내용, 방법, 체계에 메이커 활동을 반영한 융합 수업을 구성할 수 있다는 점에서 메이커 융합교육을 용이하게 적용할 수 있는 접근 방안으로 볼 수 있다. 우리나라는 2011년부터 교육 정책으로 융합인재교육(STEAM)을 도입하고 2009 개정 교육과정의 과학, 실과(기술.가정) 교과에 적용해 오고 있다. 메이커 융합교육은 김진수 (2012)가 분류한 "교과별 STEAM 유형" 중 T-STEAM, E-STEAM 과 유사한 형태를 갖는다. 초·중등학교의 경우 기술/공학 중심의 STEAM 교육은 실과(기술.가정) 교과를 통해 이루어지고 있으며 실제 교육과정 및 교과서 개발에도 이러한 내용이 반영되어 있다. 따라서 메이커 융합교육을 정규 교육과정을 통해 적용하기 위해서는 만들기 '활동' 중심의 융합교육이 가능한 실과(기술.가정) 교과의 내용 요소가 중심이 되어야 할 것이다. 2015 개정 실과교육과정에 반영되어 있는 융합교육 요소를 정리하면 <표 3.6>과 같다(김진옥, 2018).

〈표 3.6〉 2015 개정 실과 교육과정의 융합교육 반영 요소

구분		내용
2015 개정 실과 교육 과정	1. 성격	실과(기술가정)는 … 일상생활에서 직면하는 다양한 문제를 해결하는 새로운 지식을 창조하고 융합하는 역량을 기르고 … 학습자가 삶의 과정에서 접하는 생산·수송·통신 기술의 문제를 창의적이고 융합적으로 해결할 수 있는 능력을 길러 주기 위해 기술적 지식, 기능, 태도를 바탕으로 문제를 이해하고, 아이디어를 탐색, 실현 및 평가하는 실천적 학습 경험을 제공한다. … '기술활용능력'은 생산·수송·통신 기술의 개발, 혁신, 적용, 융합을 통해 지속가능한 발전을 위한 발명과 표준화가 효율적으로 이루어지도록 촉진하는 능력이다.
	3. 내용 체계 및 성취 기준	다. 교수학습 방법 및 유의 사항 … 컴퓨팅적인 사고는 소프트웨어 교육에 국한되는 것이 아니므로 국어, 사회, 수학, 과학 등 다양한 교과에서도 반영하여 지도 … 범교과 주제인 지속 가능발전교육과 연계한 통합적인 수업 활동을 계획하여 진행 … 현대 사회에서 통신 기술은 다양한 기술들과 융합되어 활용되고 있음을 이해하도록 한다.
	4. 교수학습 및 평가의 방향	가. 교수학습 방향 … 학생, 학교, 지역 사회의 여건 등을 고려하여 학습 내용의 순서나 비중, 학습 과제의 종류 등을 달리하여 지도 … 실과(기술·가정) 교수·학습 방법은 관련 내용에 따라 실천적문제해결학습, 프로젝트법, 문제 중심 수업 … 다양한 방법을 활용 …

실과(기술.가정) 교과는 다른 교과에서 학습한 여러 가지 개념이나 원리, 이론 등을 복합시키고 조합시켜 실제적인 상황에서 제작과 노작의 경험을 통해서 문제를 해결하는 것을 강조하고 있다(윤지현, 2004, 정훈, 2009). 또한 실과(기술.가정) 교과는 이미 과학, 기술, 공학, 수학, 예술 영역의 내용 요소가 통합적으로 구성되어 있어 교과 중 STEAM 교육을 적용하기에 가장 적절한 교과이며(금지헌, 2012), 의복, 생활 용품, 음식 만들기 등의 가정생활 영역과 발명, 목공, 전기.전자 등의 기술의 세계 영역까지 내용요소 상 STEAM 교육과 메이커 교육을 적용하기에 용이한 교과라고 할 수 있다.

실과(기술.가정) 교과를 중심으로 메이커 융합교육을 교실 수업에 적용하고자 할 때 실과 교육과정에 제시된 내용 요소에 한정되어 수업 주제를 결정하고 인위적인 융합을 하게 되면 이는 메이커 교육과 STEAM 교육이 추구하는 진정한 융합교육이 아니다. 따라서 메이커 융합교육을 위하여 실과(기술.가정) 교육과정에서 제시하고 있는 목표, 내용 요소, 성취 기준 등을 기본으로 하여 이와 관련한 메이커 활동을 개발하고 융합적인 요소로 교수.학습 활동을 확장하여 적극적인 융합이 이루어질 수 있도록 해야 할 것이다. 김진옥 등(2018)은 전문가 집단을 대상으로 한 조사 연구를 통해 2015 개정 초등 실과 교육과정에서 활용 가능한 메이커 활동에 대해 분석하여 제시한 바 있다. 김진옥 등은 조사 연구를 위하여 교육학 관련 석·박사 이상의 학력과 5년 이상의 교육 경력이 있으며 '메이커 교육'과 'STEAM 교육' 관련 교육 프로그램 개발 경험이 있는 초·중등 교사 9인과 관련 전공 대학교수 2인 등 총 11인을 전문가로 선정하여 연구를 수행하였다. <표 3.7>는 김진옥 등(2018)에서 제시한 2015 개정 초등 실과 교육과정의 내용 요소에 메이커 활동의 활용 가능성을 나타낸 것이다.

<표 3.7> 2015 개정 실과 교육과정에 활용 가능한 메이커 활동 분석

영역	내용 요소 초등학교 (5~6학년)	활용 가능한 메이커 활동							
		CD	CT	GC	C	E	R	3D	AC
인간 발달과 가족	• 아동기 발달의 특징 • 아동기 성의 발달	-	-	-	-	-	-	-	-
	• 나와 가족의 관계 • 가족의 요구 살피기와 돌봄	-	-	-	-	-	-	-	-
가정 생활과 안전	• 균형 잡힌 식생활 • 식재료의 특성과 음식의 맛 • 옷 입기와 의생활 예절 • 생활 소품 만들기	++	-	-	△	+	△	++	-
	• 안전한 옷차림 • 생활 안전사고의 예방 • 안전한 식품 선택과 조리	-	-	-	+	+	△	-	△
자원 관리와 자립	• 시간·용돈 관리 • 옷의 정리와 보관 • 정리정돈과 재활용 • 가정생활과 일 • 가정일의 분담과 실천	-	-	△	△	-	-	-	-
기술 시스템	• 생명 기술 시스템 • 식물 가꾸기 • 동물 돌보기	+	-	△	+	+	-	△	△
	• 수송 기술과 생활 • 수송 수단의 안전 관리	++	△	+	++	++	++	+	+
	• 소프트웨어의 이해 • 절차적 문제해결 • 프로그래밍 요소와 구조	+	+	++	++	++	++	++	++
기술 활용	• 일과 작업의 세계 • 자기 이해와 직업 탐색	△	-	-	-	-	-	-	△
	• 발명과 문제해결 • 개인 정보와 지식 재산 보호 • 로봇의 기능과 구조	++	++	-	++	++	++	++	++
	• 친환경 미래 농업 • 생활 속의 농업 체험	△	-	-	-	+	-	△	+

* 메이커 활동의 분류는 <표 Ⅱ-6>을 따르며 다음과 같은 약어로 제시함: CD(공예 디자인), CT(컴퓨터 팅커링), GC(게임 창작), C(코딩), E(전자), R(로보틱스), 3D(3D 설계 및 프린팅), AC(앱 창작)
** ++: 활용 가능성 매우 높음, +: 활용 가능성 높음, △: 활용 가능성 보통, -: 활용 가능성 낮음
[출처] 김진욱, 은태욱, 김진수(2018). 2015 개정 초등 실과 교육과정에서의 메이커 기반 STEAM 수업 적용 가능성 탐색, 2018 한국교육학회 연차학술대회 발표논문을 재구성

2. 인공지능과 메이커 융합교육의 수업 환경

2.1 인공지능 교육을 위한 수업 환경

인공지능 기술이 가져올 미래 사회의 변화는 우리의 생활 양식을 크게 바꿔 놓을 것이다. 또한 인공지능 시대에 겪게될 실생활 문제들은 혼자 해결하기 어려운 크고 복잡한 문제가 많기 때문에 초등학교 때부터 협업을 통해 문제해결력과 융합적 사고력을 길러주는 프로젝트 기반학습이 이루어질 필요가 있다. 인공지능의 원리를 이해하고 다양한 인공지능 도구를 활용한 인공지능 수업이 효과적으로 실현하기 위해서는 교실 환경의 변화도 필요하다. 인공지능 수업에서 학생들의 창의적이고 유연한 융합적 사고 활동을 촉진하기 위해, 기존 일방향의 고정형 컴퓨터실을 탈피하고, 협업과 의사 소통이 가능한 미래형 정보교육 공간 구축이 필요하다(관계부처 합동, 2020).

교육부(2020a)는 유연하고 창의적인 공간의 '정보교육실'을 구축하기 위한 계획 수립과 교육용 컴퓨터 통합 관리 시스템의 도입으로 인공지능 수업을 위한 환경 구축에 다양한 지원을 하기로 하였다. 또한, 학생 간 협업 및 프로젝트 기반 수업이 가능할 수 있또록 '정보교육실'을 구성하고 활용할 수 있는 교구로 노트북, 태블릿 PC 등 유연한 자리 배치가 가능한 기자재로 구성하기로 하였다.

전시 공간	교육 공간	VR,AR 공간
연구 공간	메이커 공간	실험 공간

2실 규모의 공간 내에 유연한 자리 배치 및 프로젝트 활동을 위한 주요 단계별(교육, 연구, 실험, 메이커, 전시) 영역(Zone) 구축 (포항제철중 사례)

[그림 3.2] 유연하고 창의적인 프로젝트 수업이 가능한 정보교육실 구축 사례

또한, 교육부는 인공지능 수업의 원활한 운영을 위하여 학내 무선망을 구축하고, 인공지능 활동 체험을 위한 기본 사양을 만족하는 저렴한 보급형 기기를 도입하여 전체 초·중등학생에게 지급함할 계획이다. 이를 통해 학생들은 학교와 가정에서 장소와 시간에 구애받지 않고, 자유롭게 정보를 취득·활용·가공할 수 있게 될 것이다.

2.2 메이커 융합교육을 위한 수업 환경

메이커 스페이스(Makerspace)는 메이커 융합교육이 이루어지는 물리적 환경으로써 메이커 교육을 구성하는 중요한 요소로 기존의 융합교육과 가장 차별성을 띄고 있는 요소 중의 하나이다. 해커 스페이스(Hackerspce) 또는 팹 랩(Fab Lab)이라고도 하는 메이커 스페이스는 일반적으로 메이커들이 다양한 물리적, 디지털 도구와 재료들을 활용하여 프로젝트를 설계하는 작업 공간을 의미한다(Halverson & Sheridan, 2014; Martinez & Stager, 2013; Peppler & Bender,

2013). 메이커 스페이스에서 메이커들은 이전에 전문가들만 활용할 수 있었던 하드웨어 및 소프트웨어(예: 3D 프린터, 레이저커터, 디지털 제조 소프트웨어 등)에 쉽게 접근할 수 있게 되었다. 일부 메이커 스페이스는 개인이 누구나 메이킹 프로젝트를 수행할 수 있도록 첨단 기술과 아이디어를 배울 수 있는 교육 프로그램을 제공하기도 한다. Dougherty(2012)는 메이커 스페이스가 단순한 작업 공간의 개념을 넘어 메이커들이 서로 만나 아이디어를 공유하는 만남의 장이 되기도 하며 개인이 메이커가 되기 위한 진입로 역할을 한다고 주장하였다. Roffey et al.(2016)은 메이커 스페이스의 구성 원리에 대한 개념적 모형을 [그림 3.3]과 같이 제시하였다. Roffey 등은 메이커 스페이스에서 이루어지는 메이커 교육은 구성주의 학습이론을 바탕으로 디자인 사고 프로세스를 통한 메이커 활동으로 미디어 역량을 기를 수 있는 교육이라고 하였다.

[그림 3.3] 메이커 스페이스의 구성 원리에 대한 개념적 모형

출처: Roffey et al. (2016). The Making of Makerspce: Pedagogical and Physical Transformations of Teaching and Learning. Makerspace for Education, p.7.

메이커들의 활동이 이루어지는 공간(space)라는 의미에서 메이커 스페이스는 중요한 의미를 갖는다. 그러나 메이커 스페이스가 물리적인 장소라는 프레임에서 지나치게 공간과 그 속에 있는 장비에만 집중해서는 안 된다고 연구자들은 주장한다(박주용, 2016; Sheridan et al., 2014). 메이커 스페이스에서 이루어지는 메이커 교육은 학습자들이 다양한 도구, 재료 등을 통해 문제해결과정에서 참여하면서 이루어진다. 학습자들은 해결할 문제 찾기, 설계 과정을 통한 문제해결 방안 모색, 해결 방안의 공유, 협업과 동료 교수 등의 메이킹 학습과정을 통해 창의성과 문제해결력을 기를 수 있을 것이다. Halverson과 Sheridan(2014), Brahms(2014)는 메이커 스페이스를 단순한 물리적 공간으로만 보는 것은 적절하지 않다고 지적하며 메이커 스페이스는 메이커 관련 학습 활동을 포함한 다양한 메이킹 활동이 진행되며 공통의 가치관, 규범, 이해 등을 공유할 수 있는 공동체로서의 역할을 해야 한다고 보았다. Gerstein(2016)의 "메이커 스페이스는 공간 그 이상의 의미이며 메이커 활동에 대해 배울 수 있고 가르칠 수 있는 사고방식이다"라는 주장도 이와 같은 맥락임을 알 수 있다.

교육부(2020b)는 융합교육의 활성화를 위하여 자유로운 놀이와 탐구, 창작 및 토론이 가능한 학교 융합 공간을 학교 내 조성하기로 하였으며, 디지털 교과서, 첨단 학습도구(AR/VR, IoT 등) 및 온라인 학습환경(무선인터넷망 등) 구축을 통해, 학교에 교과서와 책상 없는 융합형 미래 학습 공간을 조성할 계획이다.

3. 인공지능과 메이커 융합 교육의 교수·학습 방법 및 평가

최근의 교수·학습 동향은 학습자의 능동적 활동을 강조하는 문제 중심 학습, 프로젝트 중심 학습, 액션 러닝 등의 구성주의적 학습 모델이 교과에 적용되고 있는 것이 특징이다. 다음에서 인공지능과 메이커 융합교육을 위한 창의 융합형 교수·학습 방법을 살펴보도록 한다.

3.1 인공지능 교육을 위한 교수·학습의 방향

인공지능 교육을 위한 교수·학습의 방향으로 정보·AI 윤리 교육 강화, 놀이 중심 교육 활성화, 프로젝트 학습 활성화, 정보기반 융합교육 프로그램 개발 및 적용, 과정 중심 평가의 활성화를 들 수 있다.

첫째, 정보·AI 윤리 교육을 강화할 필요가 있다. 인공지능과 함께 살아갈 수 있는 역량을 기르기 위해서는 인공지능의 한계점을 인식하고 이를 극복하기 위한 방안을 생각해 볼 수 있는 경험을 제공해 주어야 한다. 또한 인공지능 기술의 발전에 따른 개발자의 사회적 영향력과 윤리의 중요성을 인식하는 학습 내용이 반영되어야 할 것이다.

둘째, 놀이 중심 체험교육이 되어야 한다. 인공지능 교육을 고성능 컴퓨터로만 진행해야 하는 것은 아니다. 컴퓨터가 없이도 놀이 중심의 언플러그드 교구를 활용하는 활동으로도 인공지능과 컴퓨터 과학의 원리를 이해하고 컴퓨팅 사고력, 인공지능 사고력을 기를 수 있을 것이다.

셋째, SW·AI 기반으로 융복합적 문제를 해결하는 주제 중심 프로젝트 학습이 활성화 되어야 한다. 인공지능 교육에서는 AI 기본 원리를 바탕으로 하여 실생활 문제나 사회 문제를 창의적으로 해결해 보는 기회를 제공해 주는 것이 중요할 것이다. 이러한 프로젝트 기반 수업을 위해서는 메이커 활동 요소가 반영될 필요가 있으며, 예를 들어 시각 장애인을 위해 '얼굴 인식 초인종'을 인공지능 도구를 활용하여 만들어 보는 메이커 융합 수업이 가능할 것이다.

넷째, 협업을 통한 문제해결력, 인성 및 창의성을 길러줄 수 있는 융합교육이 되어야 한다. 이를 위해서는 인문·사회 및 예술·체육과 연계한 다양한 융합교육 프로그램이 개발되고 적용될 필요가 있을 것이다.

다섯째, 과정 중심 평가를 활성화해야 한다. 주제 중심의 프로젝트 학습의 경우 학습의 과정에서 동료 평가가 이루어질 수 있고 피드백을 바탕으로 최종 산출물을 수정하고 개선해 나가며 자연스러운 교수·학습의 과정에서 교수·학습과 평가의 일체화가 이루어질 수 있다.

3.2 프로젝트 기반 학습

다음에서는 인공지능 교육, 메이커 융합교육에서 주제 중심 프로젝트 기반 학습(project-based learning) 등의 형태로 적용이 가능한 프로젝트 기반 학습 모형에 대해 살펴본다.

프로젝트 기반 학습 모형은 Kilpatrick(1918)에 의해 프로젝트 방법이 소개된 이후 100여년이 넘는 시간 동안 다양한 연구자들에 의해 발전되어온 구성주의 학습 모형의 하나이다(Katz & Chard, 2000; Markham, 2003). 프로젝트 기반 학습은 학습자들이 실생활과 유사한 과제를 해결하는 과정을 통해 동료와 협력하여 산출물을 만들고 지식을 구성하게 한다는 점에서 사회 구성주의 및 기타 활동 중심 교육의 핵심적인 접근 방법으로 평가받고 있다(Bell, 2010; Blumenfeld et al., 1991). 이러한 프로젝트 기반 학습은 메이커 융합교육에 적절한 학습 방법으로 많은 연구자들이 메이커 교육과 STEAM 교육에서의 교수·학습 방법으로 활용하고 있다(김은길, 김종훈, 2011; 이민희, 임해미, 2013; Pepple & Bender, 2013; Blikstein et al., 2015).

최근 연구들에서는, 프로젝트 학습이 유사한 다른 이론이나 모형들과 구분되는 핵심적 요소로 '추진 질문 (driving question or problem)'과 학습을 통해 발표되는 하나 이상의 '산출물(product)'을 제시하고 있다(Grant, 2011; Thomas, 2000). 프로젝트 학습을 모형 설계, 보고서, 작품 등과 같은 최종 산출물의 생산을 목적으로 하는 수업 형태로 보거나(Adderley, 1975), 또는 학습자 스스로 질문을 생성하고, 질문을 중심으로 학습 활동이 구성되며, 이러한 학습 활동의 결과로 최종 산출물이 생산되는 형태 (Blumenfeld et al., 1991)로 정의하기도 한다.

Kilpatrick(1918)은 프로젝트 수행을 위한 일반적인 활동 요소로 목적(purpose), 계획(plan), 실행(execute), 평가(judge)의 4단계를 제시하였다. 이러한 프로젝트 학습 방법은 학자들과 학문 분야에 따라 다양하게 활용되었다. Laffey(1998), BIE(Buck Institute for Education, 2000), GLEF(George Lucas Educational Foundation, 1991)은 일반적인 프로젝트 학습에서 활용할 수 있는 6단계 학습 모형을 제시하였으나 기술/공학 중심의 메이커 융합교육에 적용하기 위해서는 모형의 구체화 및 세분화가 필요하다. 특히 실천적 문제해결을 강조하는 실과(기술.가정) 교과에서는 프로젝트 기반 학습 모형이 많이 활용되었으며 이경애, 변영계(2001), 이춘식(2005), 김용익 (2007), 방기혁 외(2015) 등은 실과(기술.가정) 교과의 특성을 반영하여 실과 수업을 위한 프로젝트 기반 학습 모형을 구안하였다. 일반적인 프로젝트 학습 모형과 실과 수업을 위한 프로젝트 학습 모형 모두 프로젝트를 해결해 나가는 학습 과정으로 이루어져 있어 메이커 기반 융합 수업의 실행 과정에서 세부적인 활동 요소들을 구안할 때 이를 반영할 필요가 있다. 프로젝트 기반 학습 모형의 단계와 세부 활동 요소를 분석한 결과는 <표 3.8>과 같다.

일반적인 프로젝트 수업 모형의 단계는 용어의 차이는 있으나 준비-계획-실행-평가의 네 단계를 따르고 있었다. 특히 이춘식(2005)과 김용익(2007)은 학생 중심의 기술적 문제해결 프로젝트 해결을 위한 내용을 반영하고 있어 메이커 융합교육에 적용이 가능하다. 그러나 이는 융합교육을 위한 모형이 아니고 단순히 실과와 기술 교과의 내용에서 만들기 영역을 지도하기 위한 모형이라는 한계점을 가진다.

〈표 3.8〉 프로젝트 기반 학습 모형의 절차 비교 분석(김진욱, 2018)

연구자(연도)	프로젝트 기반 학습 모형의 절차 및 활동 요소	특징 분석 절차
Kilpatrick (1918)	**목적** •학습문제 선택 •학습목표 확인 **계획** •학습 사항 확인 •진행 순서 확인 •실행 계획 검토 및 분석 **실행** •계획에 따라 학습 •흥미를 갖고 학습 •교사의 격려, 칭찬의 발표 유도 **평가** •자기평가 및 동료평가 •전시·보고 •새로운 문제 발견	•학습의 전 영역에 반영(지식, 기술·정서) •협동학습 상호작용 강조
Katz & Chard (2000)	**준비** •주제 선정, 주제망 구성 •자료 준비 **시작** •개인적 기억 공유 •자신의 지식 공유 **전개** •주제에 대한 질문하기 •현장 견학 •현장 견학 사후 활동 **마무리** •학습 내용 정리 •결과 공유·발표 •포트폴리오 평가	•학습자 주도의 주제 선정 •개인 경험과 관련 강조
이경옥, 배정례 (2001)	**준비** •주제 선정, 예비 주제망 구성 •예상 학습 내용활동 조직표 •활용자원 목록표 작성 및 준비 •관련 단원 안내기 **계획** •도입유발 •학생의 이전 경험 나누기 •주제망 완성 •질문목록 작성 •학습 활동 계획 **실행** •토의 •탐구 •표현 **완료** •과정 및 결과에 대한 평가 •전시 및 발표 •결과물의 보관	•과정 및 결과에 대한 평가 •과정에 대한 기록과 결과물의 보관을 강조
이은실 (2005)	**프로젝트 준비하기** •학습목표 제시 •선행학습 및 필수 학습 내용 확인 •수행 요인 제시 •기본공구 재료 목록 제시 •포트폴리오 작성 **프로젝트 선정하기** •가능한 프로젝트 제시 •프로젝트 선정 •프로젝트 기준 제시 •(개별 조별) 선정 •포트폴리오 작성 **정보분석하기** •제품과 공구의 정보 조사 •기존 디자인 정보 수집 •실생활에서의 유용성 •제작과정 정보수집 •정보의 리 •포트폴리오 작성 **설계하기** •제품 스케치하기 •아이디어의 공유와 나누기 •구상도 그리기 •모델링 수정하기 •제작도면 그리기 •포트폴리오 작성 **만들기** •제품 만들기 •제작모델 확인하며 만들기 •신뢰성을 고려하여 만들기 •기본가능 검사하기 •시간 내 제품 완성 •포트폴리오 작성 **평가하기** •제작과정 평가하기 •제작결과 평가하기 •평가 후 전시하기 •평가 및 반성 •포트폴리오 평가	•기술교과에 적용하기 위한 단계로 구성 •포트폴리오 작성을 통한 만들기의 과정 기록 강조
김용익 (2007)	**준비** •잠정적 프로젝트 주제 설정 •자원 준비 **설계** •프로젝트 설계 •정보 수집 •아이디어 설계 **실행** •제품 만들기 **평가** •과정 및 결과 평가	•기술적 교양 함양 강조 •기술 교과 중심 모형

〈표 3.8〉 프로젝트 기반 학습 모형의 절차 비교 분석(앞 장에서 계속)

연구자 (년도)	프로젝트 기반 학습 모형의 절차 및 활동 요소				특징분석 결과
	준비	계획	실행	평가	
방기혁 외 (2015)	•잠정적 주제선정 •잠정적인 주제망 구성 •잠정적인 학습 내용 및 활동 구성 •잠정적인 자원 목록 작성 및 준비 •문제 해결을 위한 학습 환경 구성	•주제 결정 •문제 해결을 위한 아이디어 모으기 •문제 해결을 위한 주제망 완성 •문제 해결 활동 계획	•문제 해결 방안 실행하기 •전시 및 발표	•문제 해결 과정 평가 •문제 해결 결과 평가 •평가 결과의 공유 및 보관	•체계적인 문제 해결 과정 반영 •실과 수업을 위한 모형

3.3 MBS 수업 모형

STEAM 교육은 학습자들이 창의적인 만들기 활동을 통해서 과학, 기술, 공학, 예술, 수학 등 다양한 분야의 지식과 기술을 자기 주도적으로 습득하고 구성하는 구성주의(constructivism), 문제기반학습(problem-based learning) 등의 학습 이론에 뿌리를 두고 있다(김진수, 2012). 또한, 만들기를 통한 능동적 지식의 구성을 강조한 메이커 교육은 STEAM 교육과 학문적으로 같은 이론과 체계를 공유한다고 볼 수 있으며(조경미, 2017; Kim & Kim, 2018), 자발적인 만들기 활동을 통해 자연스러운 학문 간 융합을 경험하게 해주는 메이커 교육은 기술/공학 중심의 STEAM 교육과 목표, 방법, 내용, 평가 등에서 많은 공통점이 있음을 알 수 있다. 그러나 메이커 교육은 그동안 STEAM 교육에서 강조하지 않았던 공유와 개방의 정신, 메이커 스페이스 활용, 실패를 통한 새로운 도전 등 메이커 교육만이 가진 독특한 특징들이 있다. 메이커 교육과 STEAM 교육은 여러 공통점을 공유하고 있는 교육 방법이다.

그러나 메이커 교육은 기존의 STEAM 교육과 비교하여 더욱더 자발적이고 자기 주도적인 학습을 강조하고 있으며 만들기 과정을 기록하고 이를 공유하며 산출물의 지속적인 발전 및 개선을 지향한다는 점에서 STEAM 교육과 환경적 차이를 가짐을 알 수 있다(강인애 외, 2017). 이 연구는 공유와 개방의 정신, 실패를 통한 새로운 도전, 메이커들의 환경으로서의 메이커 스페이스, 협업을 바탕으로 소통하는 온라인 커뮤니티 등 메이커 교육에서 강조하는 점을 바탕으로 기술/공학 중심의 STEAM 교육을 융합한 형태인 MBS 교육을 STEAM 교육의 발전된 형태로 제안하였다.

MBS 교육은 구성주의 학습 이론을 바탕으로 유치원 교육에서 대학교육에 이르기까지의 모든 학교급에 적용이 가능한 교육 방법이다. 교수·학습 방법적인 측면에서 메이커 교육이 강조하는 디지털 도구를 활용한 메이커 스페이스에서의 창의적 만들기 활동이 중심이 되고, 공유와 개방의 메이커 정신을 강조하고 있으며 수업의 전 과정에서의 기록과 성찰을 강조하고 있다. 또한, STEAM 교육의 실생활과 연계한 학문간 내용 융합과 창의적 설계, 감성적 체험 등의 학습 준거를 통한 성공의 경험 제공 등을 반영하였다. 이를 종합하면, MBS 교육은 메이커 교육과 STEAM 교육의 이론을 바탕으로 메이커 교육과 STEAM 교육 특징과 장점을 접목한 것으로, 프로젝트 기반 학습의 일반적인 절차와 디자인 사고 프로세스를 통한 문제 해결 절차를 교수·학습 전략으로써 활용하도록 하였다. MBS 교육의 적용을 위한 절차는 자기 주도적인 문제의 탐색, 실생활 문제를 해결하기 위한 아이디어 설계, 실제 산출물을 제작하고 실험하는 프로토타입 만들기,

만들기의 과정과 결과를 기록하고 이를 공유하는 만들기 과정과 결과
의 공유, 만들기의 과정 및 결과에 대한 성찰, 성찰을 통한 새로운
문제 발견이 순환, 반복하는 형태로 이루어진다. [그림 3.4]는 MBS
교육의 구성 요소와 특징을 바탕으로 한 MBS 교육의 개념 모형을
나타낸 것이다(김진옥, 김진수, 2020).

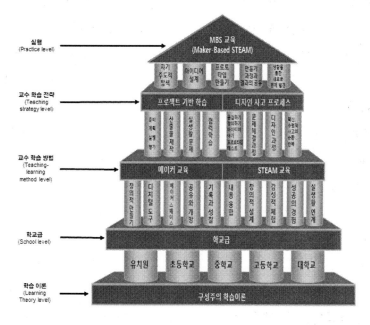

[그림 3.4] MBS 교육의 개념 모형

실과 교과는 이미 STEAM 영역의 내용 요소가 통합적으로 구성되
어 있어 교과 중 STEAM 교육을 적용하기에 가장 적절한 교과이며
(금지헌, 2012), 의생활, 생활소품, 음식 만들기 등의 가정생활 영역
과 발명, 로봇, 소프트웨어 등의 기술의 세계 영역까지 내용 요소 상
STEAM 교육과 메이커 교육을 적용하기에 쉬운 교과라고 할 수 있

다. 실과 교과를 통해 MBS 교육을 적용하기 위해서는 교사들이 적용에 어려움을 느끼는 프로젝트형 교육 프로그램보다는 금지헌(2012), 이철현, 한선관(2011)의 주장과 같이 교육과정 내의 일부 차시를 재구성하는 차시 생성형 융합 프로그램이 더 효과적일 것이다.

〈표 3.9〉 MBS 교육 활동별 활용 가능한 재료와 도구

분류	활용되는 재료와 도구			
전자 (Electronics)	• LED • 메이키 메이키 • 아두이노	• 모터, 기계 부품 • 리틀 비츠 • 라즈베리 파이	• 전선 및 커넥터 • 스퀴시 회로 • 인공 지능 키트	• 전원 장치 등 • 마이크로비트 • 기타 전자 키트
로보틱스 (Robotics)	• 마인드스톰 • 네오봇 • 고고 보드	• 위두 • 로보티즈 • 오조봇	• 메이크블록 • 대시앤닷 • 햄스터	• 허밍버드 • 스피로 • 기타 로봇 키트
컴퓨터 팅커링 (Computer Tinkering)	•오래된 컴퓨터 부품들	• 핸드폰, 태블릿 등	• 배터리 구동 장난감	• 기타 분해 가능한 전자 부품
3D 설계 및 프린팅 (3D Modeling and Printing)	• 팅커캐드 • 3D 프린터/3D 펜	• 퓨전 360 • 3D 스캐너	• 스케치업 • 레이저커터/CNC	• 싱기버스 • 기타
코딩(Coding)	• 스크래치 • 코딩 위드 크롬	• 엔트리 • 코더블	• 코드닷오알지 • 기타 코딩 도구	• 코드 아카데미
게임 창작 (Game Creation)	• 마인크래프트 에듀	•게임메이커	• 코두	• 기타 창작 도구
앱 창작 (App Creation)	• 앱 인벤터	• 터치 디벨로프	• 게임 샐러드	• 기타 창작 도구
공예 디자인 (Craft Design)	•공예용 도구	• 공예용 재료	• 사무용품 등	• 재활용 재료

<표 3.9>의 결과와 같이 MBS 교육의 활동 유형 중 전자, 로보틱스, 코딩 등은 현재 적용 중인 2015 개정 실과 교육과정의 내용 요소에 포함되어 있다. 또한, 인공지능 교육에서 활용 가능한 컴퓨팅 사고력 기반의 인공지능 교육 도구, 교육용 프로그래밍 언어 등도 MBS 교육을 통해 활용할 수 있다. 따라서 MBS 교육을 교육과정을 통해 적용할 때 실과 교육과정의 내용 요소를 바탕으로 차시를 재구

성하여 MBS 절차 모형에 따라 수업을 적용하는 것이 적합할 것이다.

<표 3.10>은 MBS 절차 모형의 단계에 따라 실과 교과 중심의 교수.학습 계획을 제시한 것이다. 이 연구에서 제안하는 실과 중심 MBS 수업은 '친환경 농업을 위한 스마트 팜 프로젝트'를 주제로 하여 절차 모형의 단계에 따라 10차시로 구성되었다. 스마트 팜 프로젝트는 농업, 발명, 로봇 등의 실과 교과의 내용 요소 및 성취기준을 중심으로 과학, 미술 등 타교과 성취기준을 MBS 수업 활동을 통해 달성할 수 있도록 구성하였으며 MBS 교육에서 강조하고 있는 공유와 성찰하기 활동을 강조한 것이 특징이다.

실과 교과를 중심으로 MBS 수업을 적용하고자 할 때 실과 교육과정에 제시된 내용 요소에 한정하여 수업 주제를 선정하고, 활동 내용에 맞춘 인위적인 융합을 하게 된다면 이는 메이커 교육과 STEAM 교육이 추구하는 방향과 거리가 있다. MBS 교육에서 만들기 활동은 목적이 아닌 수단이 되어야 하며, 문제 해결을 위한 설계 및 제작 과정에서 필요한 다양한 STEAM 분야의 지식, 기능들을 스스로 찾아서 활용할 수 있도록 하는 만들기 경험이 제공되어야 한다. 이는 실과 교과를 통해 다루어야 할 지식이 "하는 지식"을 넘어 세계를 이해하는 "보는 지식"이 되어야 한다는 최지연(2010, p.31)의 주장과도 맥을 같이 한다. 따라서 MBS 교육을 위하여 실과 교육과정에서 제시하고 있는 목표, 내용 요소, 성취기준 등을 기본으로 하여 이와 관련한 메이커 활동을 개발하고 융합적인 요소로 교수.학습 활동을 확장하여 적극적인 융합이 이루어질 수 있도록 해야 할 것이다. 이와 함께 앞으로 개발될 다양한 인공지능 교육 플랫폼과 도구들

을 메이커 수업 단계에 적극적으로 반영하여 융합 수업이 이루어질 수 있도록 해야 할 것이다.

〈표 3.10〉 실과 중심 MBS 교육을 위한 교수학습 계획 예시

학습 주제	친환경 농업을 위한 스마트 팜 프로젝트		
성취기준	[6실05-04] 다양한 재료를 활용하여 창의적인 제품을 구상하고 제작한다. [6실05-07] 여러 가지 센서를 장착한 로봇을 제작한다. [6실05-09] 생활 속의 농업 체험을 통해 지속 가능한 생활을 이해하고 실천 방안을 제안한다. [6과05-01] 생태계가 생물 요소와 비생물 요소로 이루어져 있음을 알고 생태계 구성 요소들이 서로 영향을 주고받음을 설명할 수 있다. [6미02-05] 다양한 표현 방법의 특징과 과정을 탐색하여 활용할 수 있다.		
재료 및 도구	리틀비츠 전자 키트, 로봇 부품, 재활용 재료 등		
수업 단계	차시	수업 활동	관련 교과
문제 상황 탐색하기	1-2	-학교에서 식물을 가꿀 때 불편한 점, 문제점을 이야기 나누고 문제 상황 탐색하기, 만들기를 위한 재료와 도구 선정하기(5W1H 매트릭스) -리틀 비츠를 활용하여 학교에서 식물을 가꾸기 위한 스마트 팜을 만들기 위해 알고 있는 것, 알고 싶은 것, 알게 된 것을 조사, 정리하여 공유하기(KWL 차트) -모둠별로 스마트 팜을 구성하기 위한 아이디어 생성 및 아이디어 선정하기(브레인라이팅, 명목집단법)	실과 과학
산출물 설계하기	3-4	-탐색하기 단계에서 선정된 아이디어의 좋은 점, 좋지 않은 점, 흥미로운 점을 분석하고 아이디어 다듬기 -리틀 비츠를 활용하여 스마트 팜을 만들기 위한 아이디어를 시각화하고 재료 목록표 작성하기	실과 미술
프로토타입 만들기	5-7	-리틀 비츠, 로봇 부품, 재활용 재료 등을 활용하여 스마트 팜의 프로토타입 만들기 -완성된 스마트 팜의 프로토타입을 테스트하고 수정, 보완하기	실과 과학 미술
만들기 과제 평가 및 공유하기	8-9	-스마트 팜의 제작 과정 및 산출물에 대한 사진, 동영상, 활동지 등을 활용하여 e-포트폴리오 만들고 공유하기 -온라인 커뮤니티를 활용하여 모둠별 상호 피드백하기, 피드백 결과를 바탕으로 산출물 개선하기	실과 과학 미술
성찰하기	10	-스마트 팜의 제작 과정 및 최종 산출물에 대한 성찰 질문하기(성찰 질문지) -새로운 만들기 활동 아이디어 도출하기, 스마트 팜을 교실에서 활용하기 위한 계획을 세우고 공유하기	실과 과학

3.3 과정 중심 평가의 활성화

2015 개정교육과정 총론에서 '학습의 과정을 중시하는 평가'에 대한 방향이 제시된 이후 학교 현장에서는 '과정 중심 평가'에 대한 관심이 높아지고 있다. 과정 중심 평가란, '교육과정의 성취기준에 기반한 평가 계획에 따라 교수·학습 과정에서 학생의 변화와 성장에 대한 자료를 다각도로 수집하여 적절한 피드백을 제공하는 평가'를 의미한다. 다으멩서 과정 중심 평가의 방향과 인공지능과 메이커 융합교육에서의 과정 중심 평가의 실천 사례를 살펴보도록 한다.

3.3.1 과정 중심 평가의 방향

과정 중심 평가에 대한 요구는 미래사회의 빠른 변화에 대응하기 위한 학교 교육 변화에 대한 사회적 필요에 의해 시작되었다. 인공지능과 함께 살아가게 될 미래 지능정보사회에서는 단편적인 지식의 습득 능력이 아닌 기존의 것들을 융합하여 새로운 무엇인가를 만들어내는 역량이 요구되는 사회이다. 우리 정부는 창의·융합형 인재 양성을 위해 교육의 방향을 설정하고 2015 개정교육과정에 이를 반영하였다. 과정 중심 평가는 교육과정-교수·학습-교육평가 중, 교육평가 측면에서 변화의 방향을 제시한 것이다.

학생평가는 교육의 과정에서 수집되는 다양한 정보를 바탕으로 교육적 의사결정을 내리거나 이를 돕는 것을 의미한다. 이러한 학생 평가의 목적은 교육과정, 교수·학습 내용 및 방법 등을 개선하여 학습 효과를 높이고 교육의 질을 향상시키는데 그 목적이 있다. 따라서 학생 평가는 교수·학습의 평가가 중심이 되어야 하고, 이는 학생의 성장에 도움을 줄 수 있는 것이어야 한다.

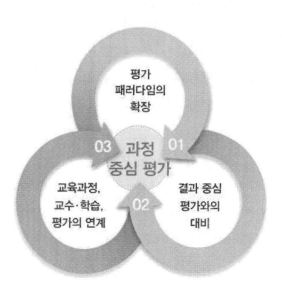

[그림 3.5] 과정 중심 평가의 개념

과정 중심 평가는 결과 중심 평가와 대비되어 나타난 용어로, '과정 중심적 평가'는 그동안 이루어져 왔던 지식 암기 위주의 정답 찾기 방식의 결과 중심의 평가에서 문제 해결 과정을 중시하는 평가로의 패러전환의 의미를 담고 있다. 학생의 문제 해결 과정에 중점을 두는 과정 중심 평가는 그동안 소홀하게 다루어졌던 정의적 행동 특성인 인성, 감성, 학습동기, 흥미, 배려심, 자신감 등을 함양하는 방식의 교수·학습의 질을 높이는 것을 목표로 하고 있다.

과정 중심의 평가의 특성은 다음과 같이 정리해 볼 수 있다.

첫째, 성취 기준에 기반을 둔 평가가 되어야 한다. 평가를 실행하기 위해서는 체계적인 평가의 설계가 중요한데 평가 설계 단계에서는 평가 목적과 대상, 평가 시기와 횟수 등을 결정한다. 평가를 설계함에 있어 유의할 점은 성취기준에 기반을 둔 평가가 진행되어야 한다는 것이다. 학습자의 도달점으로서의 성취기준에 대해 명확히 이해하고 이를 달성하기 위한 평가가 이루어져야 한다.

둘째, 수업의 전 과정에서 평가가 이루어져야 한다. 과정 중심 평가는 수업 중 이루어지는 교수·학습과 연계된 평가를 지향하고 있다. 교실 수업의 과정 중에 평가가 이루어진다면 학습자 개개인의 사회·경제적 맥락 등이 영향을 미칠 여지가 줄어들어 보다 공정한 평가가 가능할 수 있다. 또한, 성취기준에 근거한 평가 계획에 의하여 교실 수업의 과정 중에서 평가가 이루어지면 '교육과정-교수·학습-평가' 간의 연계성을 강화할 수 있다.

셋째, 학습자의 수행 과정에 대한 평가는 지식, 기능, 태도를 아우르는 종합적인 평가가 되어야 한다. 과정 중심 평가에서는 학습자의 과제 수행 과정에 초점을 두고 있다. 이렇듯 수행 과정을 평가하는 이유는 학습 목표로 삼은 지식이나 기능, 태도가 학습자 개인별로 어떻게 발달하고 있는지를 파악할 수 있기 때문이다. 따라서 평가 대상인 과제 수행 과정에 대한 평가는 과제를 수행하는 전 과정에 대한 학습자의 지식, 기능, 태도에 대한 종합적인 평가가 되도록 해야 한다.

넷째, 다양한 평가 방법이 활용되어야 한다. 학습자는 수업 과정에서 제시되는 과제를 해결하기 위해서 다양한 지식, 기능이 활용해야한다. 따라서 학습자가 특정 과제 수행을 통해 학습 목표에 도달하는지를 파악하기 위해서는 다양한 평가 방법이 필수적이다. 평가 대상이 되는 과제의 특성에 따라 논술, 구술, 토론·토의, 프로젝트, 실험·실습, 선택형 문항 등 다양한 평가 방법을 활용해야 한다.

다섯째, 과정 중심 평가에서는 학습자의 성장을 돕기 위해 평가 결과를 적절히 활용해야 한다. 과정 중심 평가는 평가 결과를 토대로 학습자의 목표 도달 과정을 살펴봄으로써 학습자가 어려워하는 부분을 파악하고 적절한 피드백을 통해 이를 지원해 줄 필요가 있다. 따라서 평가의 결과만 제시할 것이나 아닌, 학습자가 부족한 점과 우수한 점을 분석하여 피드백을 제공해 주어야 하고 이를 통해 학습자는 자신의 학습 과정을 점검해 볼 수 있다.

3.3.2 인공지능 교육에서의 과정 중심 평가

인공지능 교육에 있어서 평가는 큰 틀에서 소프트웨어 교육에서 이루어지는 평가와 맥을 같이 한다. 다만, 인공지능의 원리에 대한 전문적인 지식이나 특정 도구의 활용 능력을 중심으로 평가하는 것보다는 생활 속 문제를 해결할 수 있는 해결하는데 인공지능 기술을 활용하는 능력에 초점을 맞춘 평가가 이루어져야 한다. 2015 정보교육과정에서 제시하고 있는 평가의 방향은 <표 3.11>과 같다.

2015 개정 교육과정에서는 이와 같은 정보 영역에서의 과정 중심 평가를 위해서는 정보문화소양, 컴퓨팅 사고력을 평가하기 위한 체크리스트를 구체화하여 개발하고 교사에 의한 평가 뿐 아니라, 자기 평가, 동료 평가 등의 객관적이고 다양한 평가 도구를 활용해야 함을 강조하고 있다. 또한, 학습자의 능력과 수준을 고려하여 다양한 수준의 평가문항을 제시함으로서 학습자의 성취감에 따른 내적동기를 유지시키는 방법을 권장하고 있다.

〈표 3.11〉 2015 개정 정보 교육과정의 평가 방향

(1) 평가 방향
① 정보문화소양 및 컴퓨팅 사고력에 기반한 실제적인 문제 해결 역량을 평가한다.
② 정보문화소양 및 컴퓨팅 사고력을 평가하기 위한 평가 항목을 각 역량의 하위 요소를 기반으로 구체화한다.
③ 학습자의 수준을 정확히 파악하고 교수학습 설계에 반영할 수 있도록 형성평가를 적극 활용한다.
④ 모둠별 팀 활동의 성과물에 대한 평가 뿐 아니라 협업 및 발표, 토론 수행 등의 전 과정에서 합리적이고 객관적인 평가가 이루어질 수 있도록 평가 기준과 구체적인 체크리스트를 마련하고 교사 평가 뿐 아니라 동료 평가, 자기 평가를 위한 도구로 활용하도록 한다.
(2) 평가 방법
① 정보윤리소양 및 정보보호능력은 관련 지식 뿐 아니라 태도를 종합적으로 평가하기 위해 서술형 평가, 토론 과정의 관찰 평가, 체크리스트에 의한 실천 계획의 자기 평가, 동료 평가 등 다양한 평가 방법을 활용한다.
② 정보기술활용능력을 평가하기 위해 문제 해결에 적합한 정보를 수집, 분류, 구조화하기 위해 적합한 컴퓨팅 도구를 선택하여 활용할 수 있는지 평가한다.
③ 컴퓨터 과학의 기본 개념과 원리를 기반으로 한 문제 해결 능력을 평가하기 위해 포트폴리오 평가, 프로젝트 수행 과정 관찰 평가, 프로젝트 결과물의 공개적 시연을 통한 자기 평가, 동료 평가가 이루어질 수 있도록 한다.
④ 모둠별 프로젝트 활동에서 학습 결과물을 평가할 경우, 동료들의 의견을 평가 자료로 활용할 수 있고 프로그래밍의 결과물을 온라인상에 공유하여 서로 의견을 제시하도록 유도한다. 학습 결과물을 발표할 때에는 결과물에 대한 문제점과 개선점을 함께 발표하도록 지도하고, 타당성을 평가한다.

인공지능 교육을 수업에서 활용할 수 있는 평가의 방법으로 대표적인 것이 '수행평가'라 할 수 있다. 수행평가는 학생이 직접 만든 산출물이나 학생의 수행 과정을 평가하는 것으로 교수·학습의 결과뿐만 아니라 교수·학습의 과정을 중시하는 과정 중심 평가의 방법이다. 인공지능 교육에서 활용 가능한 수행평가의 유형별 정의와 특징은 다음과 <표 3.12>와 같다(교육부, 한국교육과정평가원, 2017).

<표 3.12> 수행평가의 유형별 정의

평가의 유형	정의
논술	• 한 편의 완성된 글로 답을 작성하는 방법 • 자신의 생각이나 주장을 논리적으로 작성해야 하므로 학생이 제시한 아이디어 뿐만 아니라 조직이나 표현의 적절성 등을 함께 평가함
구술	• 특정 내용이나 주제에 대해서 자신의 의견이나 생각을 발표하도록 하여, 학생의 준비도, 이해력, 표현력, 판단력, 의사소통 능력 등을 직접 평가하기 위해 활용하는 방법
토의·토론	• 특정 주제에 대해 학생들이 서로 토의하고 토론하는 것을 관찰하여 평가하는 방법
프로젝트	• 특정한 연구 과제나 산출물 개발 과제 등을 수행하도록 한 다음, 프로젝트의 전 과정과 결과물(연구보고서나 산출물)을 종합적으로 평가하는 방법
실험·실습	• 학생들이 직접 실험·실습을 하고 그에 대한 과정이나 결과에 대한 보고서를 쓰게하고, 제출된 보고서와 함께 교사가 관찰한 실험·실습 과정을 종합적으로 평가하는 방법
포트폴리오	• 학생이 산출한 작품을 체계적으로 누적하여 수집한 작품집 혹은 서류철을 이용한 평가 방법
관찰	• 관찰을 통해 일련의 정보를 수집하는 측정 방법
자기평가·동료평가	• 수행 과정이나 학습 과정에 대하여 학생이 스스로 평가하거나, 동료 학생들이 상대방을 서로 평가하는 방법

평가의 유형은 크게 논술형 평가, 구술형 평가, 토의·토론 평가, 프로젝트 평가, 실험·실습 평가, 포트폴리오 평가, 관찰 평가, 자기평가·동료평가로 나누어 볼 수 있다. 인공지능 수업의 경우 다양한 형태의 평가 방법을 활용할 수 있으나 인공지능에 대한 지식을 평가하는 것은 지양하고 생활 속 문제를 해결하는 과정에서 인공지능을 활용하기 위한 아이디어와 문제 해결을 위한 사고 과정, 참여 태도, 협업 능력 등을 평가할 필요가 있다.

한편, 한선관(2015)는 창의 컴퓨팅을 교실 수업에 적용하기 위한 수업 모델을 초등학교 저학년, 초등학교 고학년, 중·고등학교의 3단계로 구분하고 수업 활동을 평가하기 위한 평가 방법을 <표 3.13>과 같이 제시하였다. 평가 방법으로는 개념평가, 산출물 평가, 포트폴리오 분석, 인터뷰, 디자인 시나리오, 지필평가, 자기평가·동료평가가 있다.

창의 컴퓨팅을 평가하는 과정은 일반적인 소프트웨어 교육에서 이루어지는 활동들을 평가 하기에 적절한 방법이나 개념이나 지식 위주의 평가 방법인 개념평가나 지필평가는 인공지능 교육에 적절하기에는 한계가 있다.

〈표 3.13〉 창의 컴퓨팅 평가 방법

평가의 유형	세부 내용
개념평가	• 변수, 연산자, 반복과 같은 CS 개념과 슈도코드, 프로그래밍 개발(코딩교육) 평가 • 디버깅 문제
프로젝트 기반 산출물 평가	• 프로젝트 기반의 산출물 평가는 장기 프로젝트에서 가능 • 학기말 과제, 팀 프로젝트, 산출물 대회 등
프로젝트 포트폴리오 분석	• Brennan의 분석방법으로 온라인에 탑재된 프로젝트 포트폴리오를 color search engine으로 분석 •디자인과 확장된 부분에서는 아이디어 노트, 즉 디자인 저널을 통해 다 면적 평가
인터뷰	• 산출 과정 인터뷰 • 창작 소감 및 태도(협력 등), 프로젝트 창작, 온라인 커뮤니티, 앞으로의 활용 → 평가 루브릭, 워크시트 개발 후 적용 디자인 아이디어에 대한 창의성
디자인 시나리오	• 프로젝트 명칭, 퍼포먼스 정하기 → 예제 시나리오를 만들거나 수정, 보완 • 실제 개발 없이 개발된 작품을 학생에게 보여주고 개발 시나리오와 프로그래밍 기법, 알고리즘 등에 대해 설명하는 것 등 • 의도적으로 오류가 포함된 문제를 제시하고, 그에 대한 해결(디버깅이 필요한 경우 그에 대한 문제해결방법을 설명하게 함)
지필평가	• 프로그램 문법, 정보 올림피아드 문제, 디버깅 문제 등
자기평가·동료평가	• 참여에 대한 체크리스트, 산출물에 대한 동료 평가표 등

최형신(2014)는 Brennan 과 Resnick(2012)의 CT 평가 프레임워크를 바탕으로 컴퓨팅 사고력에 대한 평가 방안을 CT 세부 요소와 각 단계별 평가 요소를 반영한 평가 루브릭으로 제시한 바 있

다. 최형신(2014) CT 역량 평가 루브릭은 <표 3.14>와 같다.

〈표 3.14〉 CT 역량 평가 루브릭

CT 세부 요소	기초 (Basic)	발달 (Developing)	능숙 (Proficient)
절차 및 알고리즘	프로그램의 절차 및 알고리즘의 효율성에 개선할 부분이 많이 보임.	프로그램의 절차 및 알고리즘의 효율성에 개선할 부분이 다소 보임.	프로그램의 절차 및 알고리즘이 효율적으로 설계됨.
병행화 및 동기화	동시적 처리나 동기화 처리가 이루어지지 않거나 적절하지 않음.	동시적 처리는 적절히 이루어졌으나 객체간의 메시지 교환 처리가 없거나 적절히 이루어지지 않음.	동시적 처리가 적절히 이루어지고 객체간의 메시지 교환을 통해 프로그램 흐름의 동기화가 적절히 이루어짐.
자료 표현	변수나 리스트가 전혀 사용되지 않음.	변수 또는 리스트를 적절히 활용함.	변수와 리스트를 적절히 활용함.
추상화	사용자 자신이 만든 블록으로 구현된 것이 없음.	전체 프로그램에서 분해된 논리적 단위가 부분적으로 새 블록으로 구현됨.	전체 프로그램에서 분해된 모든 논리적 단위가 새 블록으로 구현됨.
문제 분해	알고리즘의 논리적 부분이 혼재되어 처리됨.	알고리즘의 일부를 논리적인 단위로 나누어 처리함.	알고리즘의 주요 부분 모두를 논리적인 단위로 나누어 처리함.
시뮬레이션	새 블록을 만들어 사용하였으나 파라미터는 활용하지 않음.	새 블록에 파라미터를 사용하여 파라미터 값에 따라 다른 결과를 도출하는 과정에서 부분적으로 부정확함이 보임.	새 블록에 파라미터를 사용하여 파라미터 값에 따라 다른 결과를 도출하여 적절히 활용함.

3.3.3 메이커 융합교육에서의 과정 중심 평가

메이커 융합교육에서 학습자는 실제 개인의 삶이나 사회에 존재하는 문제들을 해결하기 위해 다양한 도구와 재료, 기술을 활용하여 자기주도적인 결과물 제작 활동을 하는 메이커 활동에 참여하며 자신의 역량을 발휘하게 된다.

윤혜진(2018)은 이러한 메이커 활동의 양상을 다섯가지 측면으로 분류하고 인지적 활동(minds-on), 체험적 활동(hands-on), 감성적 활동(hearts-on), 사회적 활동(social-on), 실천적 활동(acts-on)의 영역을 메이커 교육의 평가틀로 구성하였다. <표 3.15>는 강인애와 윤혜진의 메이커 교육 평가틀의 각 요소별 세부항목을 나타낸 것이다.

〈표 3.15〉 메이커 교육의 평가틀과 세부 항목

평가 요소	세부 항목
인지적 활동(minds-on)	자기주도성
	탐구정신(inquiry)
	비판적 사고
	창의성
체험적 활동(hands-on)	도구 및 재료 활용 능력
	기능성
감성적 활동(hearts-on)	실패에 대한 자세
	만족감
	공감력
사회적 활동(social-on)	협업(within a team)
	학습리소스(within a class)
	공유(out of a class)
실천적 활동(acts-on)	윤리적 책임감의 실천
	변화 촉진자로서의 성찰

윤혜진(2018)은 메이커 교육이 지향해야 할 과정 중심의 평가, 새로운 평가 요소 제시, 평가 주체의 변화, 다양한 평가 방법 등의 요소들을 반영할 수 있는 평가 방법으로 루브릭의 활용 가능성을 제시한 바 있다. <표 3.16>은 윤혜진(2018, pp.231-232)에서 제안한 메이커 교육의 평가 루브릭의 평가 요소와 평가 내용을 나타낸 것이다.

〈표 3.16〉 메이커 교육 평가 루브릭의 평가 요소와 평가 내용

평가 요소	세부 항목	평가 내용
인지적 활동(mi nds-on)	자기주도성	학습자는 내재적인 동기에 의해 스스로 메이킹 활동의 목적과 수행을 위한 계획(학습자료 탐색, 방법 선택, 시간 활용 등)을 세우고 그 과정을 지속적으로 모니터링하면서 결과물 완성의 책임감과 주인의식, 능동성을 보였는가?
	탐구정신 (inquiry)	학습자는 자신의 호기심이나 문제를 해결하기 위하여 필요한 정보, 기술, 지식을 탐색, 정의, 분석, 평가하고 효율적으로 활용하면서 깊은 학습을 하였나?
	비판적 사고	학습자는 개인이 마주하는 실제적인 문제와 이슈들을 해결하기 위하여 다양한 문화/관점에서 깊게 관찰하고 분석, 평가, 추론을 해보았는가?
	창의성	학습자는 기존의 것(아이디어, 이미지, 제품, 도구 등)을 그대로 사용하기 보다는 새로운 시각에서 해체, 재조립, 리메이킹, 메이킹의 창의적 활동을 하면서 문제해결을 꾀하는 사고를 하였는가?
체험적 활동(ha nds-on)	도구 및 재료 활용 능력	학습자는 다양한 도구 및 재료 사용의 기술을 습득하였으며 그 이해와 활용 능력이 결과물 제작 과정에서 드러났는가?
	기능성	학습자는 도구 및 재료에 대한 이해와 활용능력, 다양한 지식 및 정보를 융합하여 목표했던 외형과 기능의 결과물을 제작하였나?
감성적 활동(he arts-on)	실패에 대한 자세	학습자는 메이킹 활동 과정 중, 에러, 실수 등으로 마주하게 되는 실패를 긍정적으로 받아들이고 해결의 과정을 끊임없이 지속적으로 반복하였는가?
	만족감	학습자는 자신의 메이킹 활동에 대하여 만족하며, '할 수 있다'의 태도 함양과 더불어 새로운 것을 시도하고자 하는 자신감을 소유할 수 있게 되었는가?
	공감력	학습자는 타인의 총체적 상황을 바탕으로 타인의 감정을 이해하며, 상대방의 입장과 시각에서 이슈나 문제상황을 바라보고 실제 메이킹 활동에 반영하였는가?
사회적 활동(so cial-on)	협업 (within a team)	학습자는 메이킹 활동 과정 중 적극적인 참여와 팀원에 대한 존중의 태도, 책임감을 바탕으로 공동의 목적을 달성하기 위한 협력적 활동을 경험하였는가?
	학습리소스 (within a class)	학습자는 자신이 소유한 지식, 기술, 정보 등을 팀원 외의 동료학습자에게 기꺼이 나누면서 서로의 결과물 완성 및 학습을 돕는 학습자이자 교수자의 역할을 수행하였는가?
	공유 (out of a class)	학습자는 메이킹 활동의 과정 및 결과물, 자신의 아이디어, 지식 등을 교실 외의 커뮤니티(학교, 메이커 페어, 관련 온라인 공간 등)에서 적극적으로 공유하면서, 사회적 학습공동체 형성이라는 메이커 활동의 특성의 이해를 보였는가?
실천적 활동(act s-on)	윤리적 책임감의 실천	학습자는 3D 프린터 및 오픈소스를 사용할 때 고려해야 하는 다양한 윤리적 딜레마(지적재산권, 경제, 환경 등)와 자신의 선택에 따른 영향력을 예상하여 바른 윤리적 선택과 태도 함양의 실천을 하였는가?
	변화 촉진자로서의 성찰	학습자는 개인과 타인, 환경의 다른 가치와 동등함을 인식하고, 다문화적 관점의 사고를 할 수 있으며, 더 나은 커뮤니티를 위한 실천(태도 및 사고, 행동 변화, 의지 및 책임감 함양 등)을 할 수 있게 되었는가?

김샛별(2020)은 윤혜진(2018)의 연구에서 제안한 평가 루브릭이 수업 중에 이루어지는 관찰을 통해 평가가 어렵다는 한계점을 지

적하고, 고등학교 가정과 의생활 영의 메이커 수업에 활용 가능한 루브릭을 개발하였다. 김샛별(2020)의 연구에서는 자기주도성, 비판적 사고, 도전의식, 실패에 대한 자세, 협업능력, 윤리적 태도, 완성도, 창의성, 공유 및 확산, 기록하기의 10개의 평가 항목에 대한 도구를 제안하였다. 10개의 평가 요소 중 자기 주도성(계획), 비판적 사고(계획), 도전 의식(계획), 실패에 대한 자세(결과), 기록하기(결과), 공유 및 확산(결과)의 6개의 항목은 학생들의 포트폴리오를 통해 평가하도록 하였고, 협업능력과 윤리적 태도는 자기 평가 루브릭으로 평가하였으며, 완성도와 창의성은 동료 평가를 통하 평가하도록 하였다. <표 3.17>과 <표 3.18>은 자기 평가 루브릭과 동료 평가 루브릭을 제시한 것이다.

〈표 3.17〉 자기 평가 루브릭

평가 요소	평가 문항		
협업 능력	나는 만들기에 어려움을 겪고 있는 같은 조 친구와 다른 조 친구들에게 만들기에 관한 정보를 주거나, 메이커 도구 사용방법을 알려 주는 등 작품을 다 같이 완성하기 위해 적극적으로 협력하였다		
수행 수준	우수함( )	보통( )	노력요함( )
느낀점			
윤리적 태도	• 나는 메이킹 과정과 결과가 다른 사람에게 (성별, 장애, 인종 등 이유로) 상처를 주지 않도록 노력한다. • 나는 작품을 만드는 데 필요한 정보를 사용할 때 출처를 정확히 표기한다. • 나는 공용 메이커 도구와 장비를 소중히 다루려고 노력한다. • 나는 만들기 활동을 할 때 재료를 아껴 사용하려고 노력한다. • 나는 매 시간 메이킹 활동이 끝난 후, 분리수거 등 뒷정리에 적극적으로 참여한다. • 나는 메이킹 과정에서 교사가 제시한 메이커 도구 및 장비 사용과 관련된 안전수칙을 준수한다. • 나는 메이커 수업에서 인터넷을 사용할 때, 사용 윤리와 네티켓을 준수하려고 노력한다.		
수행 수준	우수함( ) (7항목 준수)	보통( ) 6~4항목 준수)	노력요함( ) (3~0항목 준수)
느낀점			

〈표 3.18〉 동료 평가 루브릭

평가 요소	평가 문항		
수행 수준	우수함	보통	노력요함
완성도	주어진 시간 내에 작품을 완성함. 작품의 완성도가 높고, 본래 의도한 기능을 잘 구현하고 있음. 또한 한복의 가치와 디자인 요소가 포함된 생활용품을 만들어, 한복의 가치와 우수성을 알리는 데 도움이 됨.	주어진 시간 내에 작품을 완성하였고, 실생활의 활용성과 기능성을 적절히 구현함. 한복의 가치와 디자인 요소를 적절히 표현함.	주어진 시간 내에 작품을 완성하지 못함. 작품의 완성도와 기능성의 구현이 부족하며, 한복의 디자인 요소 등을 포함하였으나, 한복의 가치를 알리기에는 부족함.
피드백			
창의성	타인이 만든 작품을 모방하지 않고 창의적인 요소(다양한 아이디어 첨가, 융합, 새로운 재료 활용, 새로운 기능 등)를 매력적으로 표현하고 있음.	타인이 만든 작품을 모방하지 않고 창의적인 요소(다양한 아이디어 첨가, 융합, 새로운 도구나 재료 활용 등)를 일부 포함함.	교과서나 온라인에 제시된 정보를 그대로 활용해 창의적인 요소를 찾기 어려움.
피드백			

인공지능 교육과 메이커 융합교육에 있어서의 평가는 과정 중심 평가의 큰 맥락을 벗어나지 않는다. 인공지능과 메이커 융합교육에서의 평가는 수행평가를 적극 활용해야 하고, 학습의 과정에서 실제 생활에 접할 수 있는 문제들의 해결 방법이나 실제 수행 능력 등을 평가하여 새로운 것을 창출해내는 역량을 측정하는데 초점을 두어야 한다. 또한, 인공지능 교육과 메이커 융합교육은 프로젝트 학습 기반의 협업 활동을 강조하고 있으므로 활동 유형에 따른 명확한 평가 기준을 학습자에게 제시해 줄 필요가 있다. 또한, 평가 목적 달성을 위해 체계적인 평가 계획을 수립하고 동료 평가, 자기 평가, 포트폴리오 평가 등 다양한 방법을 활용해야 할 것이다.

<논 의>

1. 김갑수 외(2020)에서 제시한 차세대 소프트웨어(SW)교육 표준 모델에서 인공지능을 반영하고 있는 요소를 찾아보자.
2. 차세대 소프트웨어(SW)교육 표준 모델(김갑수 외, 2020)에서 제시하고 있는 초등-데이터 과학 영역의 수행 기대에 대하여 논의해 보자.
3. Roffey et al. (2016)에서 제시하고 있는 메이커 스페이스 구성원리에 대하여 논의해 보자.
4. 초등학교에서의 인공지능 교육의 방향에 대하여 논의해 보자.
5. 방기혁 외(2015)에서 제시하고 있는 프로젝트 수업의 절차에 대해 논의해 보자.
6. 김진옥, 김진수(2020)의 연구에서 제시한 MBS 수업의 절차에 대하여 논의해 보자.
7. 한선관(2015)이 제안한 창의 컴퓨팅 평가 방법 중 인공지능 교육에 적용이 가능한 방법에 대하여 논의해 보자.
8. 메이커 융합교육에서 평가 루브릭을 개발하는 방법에 대해 논의해 보자.

<참고문헌>

강인애, 윤혜진, 황중원(2017). 메이커 교육 서울: 내하.

교육부(2017). 한국교육과정평가원, 과정을 중시하는 수행평가 어떻게 할까요.

교육부, 미래창조과학부 (2016). 소프트웨어 교육활성화 기본계획. 보도자료.

금지헌(2012). 실과 가정생활 영역을 활용한 융합인재교육프로그램이 초등학생의 실 과에 대한 태도와 학습몰입에 미치는 영향. 한국가정과교육학회지, 24(1), 61-71.

김갑수, 구덕회, 김성백, 김수환, 김영식, 김자미, 김재현, 김창석, 김철, 김한일, 김현 철, 박남제, 박정호, 박판우, 서인순, 서정연, 성영훈, 송태옥, 이영준, 이재호, 이정서, 이현아, 이형옥, 전수진, 전용주, 정영식, 정인기, 최숙영, 최정원, 한선 관(2020). 차세대 소프트웨어 (SW) 교육 표준 모델 개발. 정보교육학회논문지, 24(4), 337-367.

김샛별(2020). 메이커 교육 평가 루브릭 개발에 관한 연구. 학습자중심교과교육연구, 20, 435-464.

김용익(2007). 초등학교 학생들의 기술적 교양 함양을 위한 프로젝트 중심학습 모형 구안. 한국실과교육학회지, 20(3), 165-186.

김은길, 김종훈(2011). 프로젝트 기반 학습의 STEAM 융합 교육과정 설계. 정보교 육학회논문지, 15(4), 551-560.

김진수(2012). STEAM 교육론. 서울: 양서원.

김진옥. (2018). 메이커 기반 STEAM 교육을 위한 수업 모형 개발. 한국교원대학교 대학원 박사학위 논문. 미간행.

김진옥, 김진수(2020). MBS(Maker-Based STEAM) 교육을 위한 절차 모형의 이 론적 탐색. 실과교육연구, 26(3), 41-64.

김진옥, 은태욱, 김진수(2018). 2015 개정 초등 실과 교육과정에서의 메이커 기반 STEAM 수업 적용 가능성 탐색, 2018 한국교육학회 연차학술대회 발표논문

박주용(2016). 미래를 준비하는 교육 공간으로서의 메이커 스페이스. 2016 메이커 교육 코리아 포럼 자료집.

방기혁, 박행모, 김용익, 이성숙, 박광렬(2015). 실과 수업에서 문제 해결 능력 신장 을 위한 프로젝트 기반 학습 모형 구안. 한국실과교육학회지, 28(4), 287-304.

윤지현(2004). 실과교육에 영향을 미친 노작교육 사상의 비교 연구. 한국실과교육학 회지, 17(2), 19-39.

윤혜진(2018). 디자인사고 기반 메이커교육 모형 개발. 경희대학교 대학원 박사학위

논문.

이경애, 변영계(2001). 실과 프로젝트 학습 모형의 구안 및 적용 효과에 관한 연구. 한국실과교육학회지, 14(2), 1-20.

이민희, 임해미(2013). 수학사를 활용한 융합적 프로젝트기반학습(STEAM PBL)의 설계 및 효과 분석. 학교수학, 15(1), 159-177.

이연승, 김주원(2019). 디지털 네이티브 세대를 위한 유아교사의 디지털기술 활용 태도 및 역할 인식. 학습자중심교과교육연구, 19(12), 1-22.

이철현, 한선관(2011). 실과 교과 중심의 STEAM 융합인재교육 모형 개발. 한국실과교육학회지, 24(4), 139-161.

이춘식(2005). 기술 수업에서 프로젝트 학습의 절차. 교육과학연구, 36(2), 231-252.

정훈. (2009). 노작교육의 내재적 정당화에 관한 탐색. 실과교육연구, 33(-), 55-76.

최지연. (2010). 실과교육학의 탐구 대상으로서 '실생활'에 대한 이론적 탐색과 실과교육에의 함의. 실과교육연구, 16(4), 25-42.

최형신(2014). Computational Thinking 역량 계발을 위한수업 설계 및 평가 루브릭 개발. 정보교육학회논문지, 18(1), 57-64.

한선관 (2015). 창의컴퓨팅 이슈 리포트 2015-1호. 인천: 경인교육대학교.

Adderley, K. (1975). Project methods in higher education (Vol. 24): Society for research into higher education.

Bell, S. (2010). Project-based learning for the 21st century: Skills for the future. The Clearing House, 83(2), 39-43.

Blikstein, P., Martinez, S., & Pang, H. (2015). Meaningful Making: Projects and Inspirations for FabLabs and Makerspaces. Constructing Modern Knowledge Press. Torrance, CA USA. Located on www, 22, 2015.

Blumenfeld, P. C., Soloway, E., Marx, R. W., Krajcik, J. S., Guzdial, M., & Palincsar, A. (1991). Motivating project-based learning: Sustaining the doing, supporting the learning. Educational psychologist, 26(3-4), 369-398.

Brahms, L. (2014). Making as a learning process: Identifying and supporting family learning in informal settings. University of Pittsburgh,

Brennan, K., & Resnick, M. (2012). New frameworks for studying and assessing the development of computational thinking. Paper presented at the Proceedings of the 2012 annual meeting of the American educational research association, Vancouver, Canada.

Bullen, M., & Morgan, T. (2016). Digital learners not digital natives. La Cuestión Universitaria(7), 60-68.

Dougherty, D. (2012). The maker movement. Innovations: Technology, governance, globalization, 7(3), 11-14.

Gerstein, J. (2016). Becoming a Maker Educator. Techniques: Connecting Education & Careers.

Grant, M. M. (2011). Learning, beliefs, and products: Students' perspectives with project-based learning. Interdisciplinary Journal of Problem-Based Learning, 5(2), 6.

Halverson, E. R., & Sheridan, K. (2014). The maker movement in education. Harvard Educational Review, 84(4), 495-504.

Katz, L., & Chard, S. C. (2000). Engaging children's minds: The project approach: Greenwood Publishing Group.

Kilpatrick, W. (1918). The project method. Teachers college record, 19(4), 319-335.

Kim, J.-O., & Kim, J. (2018). Design of Maker-Based STEAM Education with Entry Programming Tool. Advanced Science Letters, 24(3), 2088-2093.

Laffey, J., Tupper, T., Musser, D., & Wedman, J. (1998). A computer-mediated support system for project-based learning. Educational Technology Research and Development, 46(1), 73-86.

Markham, T. (2003). Project based learning handbook: A guide to standards-focused project based learning for middle and high school teachers: Buck Institute for Education.

Martinez, S. L., & Stager, G. (2013). Invent to learn: Making, tinkering, and engineering in the classroom: Constructing modern knowledge press Torrance, CA.

Peppler, K., & Bender, S. (2013). Maker movement spreads innovation one project at a time. Phi Delta Kappan, 95(3), 22-27.

Roffey, T., Sverko, C., & Therien, J. (2016). The Making of Makerspce: Pedagogical and Physical Transformations of Teaching and

Learning. Retrieved from Makerspace for Education:

Sheridan, K., Halverson, E. R., Litts, B., Brahms, L., Jacobs-Priebe, L., & Owens, T. (2014). Learning in the making: A comparative case study of three makerspaces. Harvard Educational Review, 84(4), 505-531.

Thomas, J. W. (2000). A review of research on project-based learning. The Autodesk Foundation. In.

제4장. 인공지능과 메이커 융합교육에
활용 가능한 도구 및 서비스

1. A.I Experiments with Google

2. Machine Learning for Kids(ML4K)

3. Scratch

4. Entry

5. KT AI Coding Block

6. mblock

7. Code.org

제4장 인공지능과 메이커 융합교육에 활용 가능한 도구 및 서비스

최근 인공지능 시장의 폭발적인 증가로 인공지능 관련 기업이나 비영리기관들은 인공지능 기술에 대한 초보자들의 이해 증진을 위해 다양한 인공지능 융합교육 도구 및 서비스를 개발하여 공개하고 있다. 이 책에서는 초, 중등 교육에서 무료로 활용 가능한 구글의 인공지능 프로젝트인 'AI Experiment with Google', IBM의 'Machine Leanring for Kids', '스크래치', '엔트리', KT AI Coding Block', 'mblock', 'Code.org'의 사례와 활용된 인공지능 개념을 살펴보기로 한다.

1. AI Experiment with Google

'AI Experiment'는 구글의 AI 머신 러닝을 체험해 볼 수 있는 다양한 실험 도구를 제공해주는 플랫폼이다. 사용자는 'AI Experiment'를 통해 그림, 언어, 음악을 활용한 머신 러닝 모델을 체험해 볼 수 있고 간단한 실험을 해볼 수 있다. 또한, 인공지능 이외에도 문화 및 예술 실험, AR/VR 실험, 안드로이드 운영체제 실험, 웹 기반 코딩 실험 등의 다양한 체험 리소스 등을 제공하고 있다. 'AI Experiment'에는 AI + Writing, AI + Learning, AI + Drawing, AI + Music 등의 다양한 주제로 각 주제별로 머신 러닝을 체험할 수 있는 도구들을 활용할 수 있다. 각 주제에는 구글 크리에이티브 랩의 프로젝트 이외에도 파트너십을 체결한 다른 인공지능 개발 업체의 도구들도 소개되어 있다.

[그림 4.1] 구글의 AI Experiment 플랫폼
(https://experiments.withgoogle.com/)

구글의 AI Experiment는 한글이 지원되지 않아 모든 도구를 활용하기에 어려움이 있지만 학생들이 영어를 잘 하지 않아도 머신 러닝의 원리를 체험해 볼 수 있는 유용한 도구로는 AI + Learning 영역의 'Teachable Machine'과 AI + Drawing 영역의 'Quick, Draw'와 'AutoDraw'를 들 수 있다.

1.1 Teachable Machine

티처블 머신(teachable machine)은 머신 러닝의 원리를 체험할 수 있는 강력한 도구로, 사용자의 웹브라우저 환경에서 웹캠 또는 저장된 데이터를 활용하여 이미지, 소리 및 포즈를 인식할 수 있도록 머신 러닝 모델을 만들 수 있는 도구이다. 머신 러닝을 통해 사이트, 어플리케이션을 위한 인공지능 모델을 빠르고 쉽게 생성할 수 있으며, 전문 지식이나 코딩 기술이 없이도 누구나 쉽게 인공지능 모델을 훈련시키고 모델의 생성 결과를 확인할 수 있다는 장점이 있다.

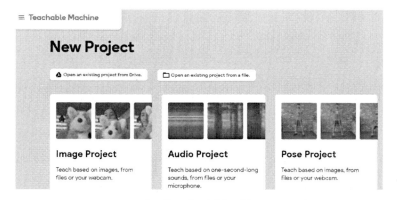

[그림 4.2] 티처블 머신
(https://teachablemachine.withgoogle.com/)

티처블 머신은 이미지, 오디오, 자세를 활용한 프로젝트를 제공하고 있는데 별도의 프로그램 설치 없이 웹 페이지에 접속한 후 바로 사용이 가능한 것이 장점이다. 또한 머신 러닝을 위한 데이터 수집은 연결된 웹캠, 마이크 또는 저장되어 있는 파일을 이용하는 것이 가능하며 완성된 머신 러닝 모델은 내보내기나 공유하기 등도 가능하다.

[그림 4.3] 강아지와 고양이 분류하기 위한 머신러닝 모델의 예시

학생들이 머신 러닝의 원리를 학습하며 인공지능 모델의 추론 정확도를 높이기 위해서는 각 클래스별로 수집된 데이터의 양이 많아야 함을 이해해야 하고, 활동을 통하여 직접 이를 확인할 수 있어야 한다.

학생들은 직접 촬영한 이미지나 웹 상의 이미지를 활용하여 컴퓨터를 학습시키고 자신이 설계한 모델이 정상적으로 작동하는지 확인해 볼 수 있다. 티처블 머신은 별도의 코딩이 필요하지 않고 직관적인 프로그램으로 쉽게 인공지능 모델을 만들어 볼 수 있다는 점에서 초등학교 저학년에서부터 대학생까지 머신 러닝의 원리를 학습하는데 훌륭한 도구가 될 수 있다. 예를 들어, 마스크를 바르게 착용한 학생과 바르게 착용하지 않은 학생을 구별하는 모델이나 기분 좋은 얼굴이나 기분 나쁜 얼굴을 구별하는 모델을 만들어 실험해 볼 수 있다.

1.2 Quick, Draw

퀵 드로우(Quick Draw)는 구글 크리에이티브 랩에서 개발한 게임 기반의 낙서 인식 인공지능 프로그램이다. 사용자는 제시되는 사물이나 개념의 이름을 보고 그림을 그리게 되고, 어떤 그림을 그렸는지 인공신경망 인공지능이 추론하는 과정을 거치게 된다. 또한, 이 과정에서 인공지능은 사용자가 그리는 새로운 그림 데이터를 통하여 추가적인 학습을 하게 되어 그림을 정확하게 맞추는 능력이 향상된다. 이러한 머신 러닝의 학습 과정을 학생들은 간단한 체험을 통하여 즐겁게 알아볼 수 있다. 특히 게임형태의 요소로 20초 이내에 제시되는 하나의 그림을 빠르게 그리고 6개의 그림을 모두 그리면 사용자가 그린 그림의 데이터 이외에도 같은 제시어에 대한 전세계 사용자의 그림 데이터를 확인해 볼 수 있다.

머신 러닝 기술이 학습을 통해 낙서를 인식할 수 있을까요?

여러분의 그림으로 머신 러닝의 학습을 도와주세요. Google은 머신 러닝 연구를 위해 세계 최대의 낙서
데이터 세트를 오픈소스로 공유합니다

시작하기

[그림 4.3 퀵 드로우의 시작 화면
(https://quickdraw.withgoogle.com)

 퀵 드로우의 데이터 세트에는 345개의 카테고리에 5천만개의 도면
이 포함되어 있는데 [그림 4.4]와 같이 주제에 따른 지역별, 문화별,
종교별 각기 다른 사용자의 그림이 인공지능을 학습시키게 되고 이
데이터 세트는 오픈 소스로 공개되어 있다. 또한 사용자들은 누구나
각각의 그림을 확인하여 데이터 세트의 정확도를 높이기 위해 그림의
주제와 어울리지 않는 그림을 클릭하여 각 그림이 부적절함을 신고할
수 있다. 각각의 그림들은 그림을 그리는 형태나 순서에 대한 특징도
보여주고 있어 다양한 데이터 분석이 가능하다.

[그림 4.4] 신경망이 얼굴로 인식한 그림(위)과
수박으로 인식한 그림(아래) 유형의 데이터 세트 일부

  퀵 드로우는 사용자가 여러 물체를 그리고 컴퓨터가 그 그림을 인
식할 수 있는지 확인하는 게임이다. 퀵 드로우가 포인트 스트로크를
통해 그려지는 사용자의 입력을 아래와 같은 반복적이고 순처적인 데

이터 학습에 특화된 인공신경망의 한 종류인 RNN(Recurrent Neural Network; 순환신경망) 기반 인식기를 통해 분류 작업을 거치게 된다.

예를 들어 사용자가 화면 상의 점들을 선택하여 그림을 그리면 각 그림에서 해당 지점의 순서가 입력 데이터로 저장이 된다. 그런 다음 컴퓨터의 필터라 할 수 있는 1차원 컨볼루션이 적용이 되고, 장단기 기억 계층에 적용이 된다. 마지막으로 모든 장단기 기억 계층의 출력 합계가 소프트맥스라고 하는 함수에 의하여 계산되어 저장되어 있는 그림 클래스와 비교하여 분류 결정을 내리게 된다.

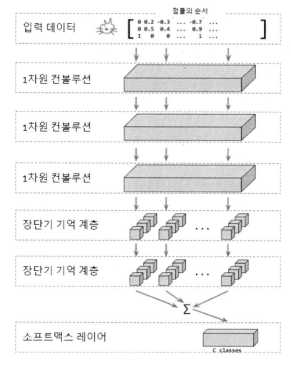

[그림 4.5] RNN 기반 인식기의 빌드 과정의 예

1.3 AutoDraw

AutoDraw는 낙서를 인식하여 사용자가 어떤 그림을 그리려고 하는지 추적하여 관련 추천 그림을 제안하는 형태의 프로그램이다. 데스크톱 PC, 노트북, 스마트폰, 태블릿 PC 등에서 별도의 프로그램 설치 없이 웹브라우저 기반의 그림 그리기 활동이 가능하다. 완성된 그림은 다운로드하여 공유할 수 있고, 그림을 못 그리는 사람도 전문가의 그림처럼 자동으로 변환 시켜 주므로 다양한 디자인 용도로 활용이 가능하다. 오토드로우는 머신러닝과 전문예술가의 그림을 결합하여 간단히 그린 그림이 무엇인지 추론하여 시각적으로 수준 높은 작품을 만들 수 있도록 해준다. 오토드로우는 퀵드로우와 동일한 기술을 사용하여 사용자가 그림을 그리는 동안 무엇을 그리는지 계속하여 추측하고 재미있게 그림을 완성해 볼 수 있다.

[그림 4.6] AutoDraw의 초기 화면(위)과 자동
그리기 실행 화면(아래) 예시
(https://www.autodraw.com/)

| 사용자가 그린 그림 | 인공지능이 변환한 그림 |

[그림 4.7] 자동 그리기 도구가 변환한 그림의 예시

2. Machine Learning for Kids

'Machine Learning for Kids(이하 ML4K)'는 IBM에서 개발한 인공지능 교육 서비스이다. ML4K는 머신러닝 시스템을 훈련시키고 실제 인공지능 모델을 만드는 다양한 과정을 제공하고 있으며 학생들이 텍스트, 이미지, 숫자 또는 소리를 분류하는 머신러닝 모델을 만들 수 있는 클라우드 기반의 웹 서비스의 형태로 제공되고 있다. 학생들은 텍스트, 이미지, 숫자, 소리 중 컴퓨터가 어떤 방식으로 데이터를 수집할 것인지 선택하고 간단한 머신러닝 모델을 새롭게 만들거나, 학습 데이터가 포함되어 있는 템플릿 등을 활용하여 데이터의 수

정, 재사용 과정을 거쳐 머신러닝 모델을 구성할 수 있다.

[그림 4.8] Machine Learning for Kids의 초기 화면
(https://machinelearningforkids.co.uk)

[그림 4.9 머신러닝 프로젝트의 시작 방법
(위: 새 프로젝트, 아래: 템플릿 복사)

특히 ML4K는 학생들이 만든 머신러닝 모델을 적용하여 다양한

프로그램을 만들어 볼 수 있는 스크래치, 파이썬, 앱 인벤터 등의
확장 기능을 지원하고 있다. 또한, 교실 수업에서 활용 가능한 다양
한 프로젝트의 사례와 워크시트도 제공하여 쉽게 수업에 활용할 수
있도록 하고 있다.

[그림 4.10] ML4K의 학습용 프로젝트 예시

3. Scratch

전세계 학생들에게 가장 친숙한 블록 코딩 프로그램 중 하나인 스
크래치는 IBM 왓슨 어시스턴스 API를 결합하여 인공지능 모델 학
습을 활용한 작품을 제작하는 것이 가능하다. 머신러닝 모델을 텍스
트, 이미지, 숫자, 소리의 데이터 유형으로 학습시키고, 학습된 인공
지능 모델은 새로운 데이터를 입력받으면 자동으로 데이터를 분류하
고 처리할 수 있다. 학생들은 확장 기능에 다양한 인공지능 기술을
추가하여 기계학습(Machine Learning)과 인공지능(AI)의 개념을 쉽
게 학습할 수 있다. 인공지능을 활용한 문제 해결의 과정은 실제
IBM에서 제공하는 인공지능 API를 스크래치의 확장 기능에 추가해
서 활용할 수 있다.

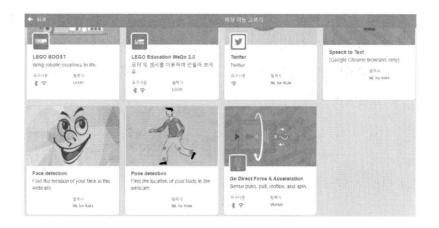

[그림 4.11] 스크래치에서 활용가능한 인공지능 확장 기능의 예시
(https://machinelearningforkids.co.uk/scratch3/)

4. 엔트리

엔트리는 2015 개정 교육과정의 실과 교과에서 소프트웨어 교육을 위해 활용하고 있는 온라인 소프트웨어 교육 프로그램으로 초, 중학생들을 주요 대상으로 하여 게임을 하듯이 주어진 미션을 프로그래밍으로 해결하며 소프트웨어 활용 역량을 길러주는 것을 목표로 하고 있다. 엔트리는 2020년부터 네이버가 개발한 AI 기반 기술 도구들을 탑재하여 다양한 인공지능 및 데이터분석 프로젝트를 가능하게 하였다.

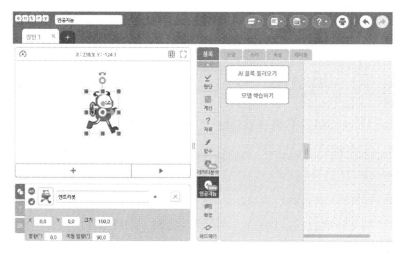

[그림 4.12] 엔트리의 인공지능 블록 초기 화면 예시
(https://playentry.org/)

또한, 엔트리는 인공지능의 개념, 머신러닝(기계학습), 딥러닝(심층학습), 빅데이터, 지도학습, 비지도학습, 강화학습, 인공지능 윤리, 인공지능 활용, AI 시대의 기업가 정신의 10가지 키워드를 중심으로 인공지능 초급자가 이해할 수 있는 학습 콘텐츠를 제공하고 있으며, 초, 중등교사 대상의 원격 연수 프로그램도 제공하고 있다.

AI 블록 코딩을 위한 AI 블록은 번역, 비디오 감지, 오디오 감지, 읽어주기 기능을 지원하고 있으며, 지도학습을 위한 머신러닝 모델은 이미지, 텍스트, 음성 데이터를 이용하여 제작할 수 있다.

[그림 4.13] 엔트리의 인공지능 블록의 종류와 지도학습 데이터 유형

5. KT AI 코딩 블록

KT AI 코딩 블록은 음성인식, 음성합성, 영상인식, 지도학습, 비지도
학습 등과 같은 인공지능 기술을 구현하기 위해 개발된 블록 코딩 프로
그램이다. 특히 AI 코딩 블록은 인공지능 기술을 활용한 아이디어를 블
록 코딩으로 설계하고 라즈베리 파이 기반의 인공지능 스피커인 KT
AI 코딩팩을 이용해 실제 환경에서 동작하도록 구현하는 피지컬 컴퓨
팅이 가능하다. KT AI 코딩팩은 KT에서 제공하는 음성인식, 음성합성,
영상인식 기술 등 다양한 인공지능 기술을 사용하여 아이디어를 현실로
구현할 수 있어 메이커 융합교육에 활용이 가능한 것이 장점이다.

[그림 4.14] KT AI 코딩 블록의 블록 코딩 초기 화면
(https://aicodingblock.kt.co.kr/)

KT AI 코딩팩은 라즈베리 파이(Raspberry pi)를 사용하여 제작되었으며 KT 인공지능 서버와 통신하여 다양한 인공지능 기술을 체험해 볼 수 있도록 해준다. KT AI 코딩팩은 KT AI 코딩 블록, 파이썬, Node JS의 세 가지 프로그래밍 언어를 이용하여 코딩하는 것이 가능하다.

[그림 4.15] KT AI 코딩팩의 구성

6. mblock

융합교육을 위해 설계된 코딩 교육 플랫폼인 mblock(이하 엠블록)은 중국의 mbot사에서 만든 교육용 프로그래밍 언어이다. 엠블록은 스크래치 기반의 블록 코딩 프로그램으로 확장 기능을 사용하여 인식 서비스, 기계학습, 데이터 차트 등의 다양한 인공지능 기술을 체험해 볼 수 있도록 구성되어 있다. 또한, 메이커 융합교육과 연계하여 피지컬 컴퓨팅 교육을 할 수 있도록 다양한 하드웨어(피지컬 컴퓨팅 도구) 제어를 지원하고 있다. 다만 중국에서 만든 블록을 번역하여 한국어를 지원하고 있기 때문에 블록의 정확한 의미를 이해하기 어려운 블록이 있다는 것이 단점이다. 엠블록은 스크래치 기반의 블록 코딩 프로그램 뿐만 아니라 파이썬 에디터를 활용하여 로봇 코딩, 인공지능 모델 활용 등이 가능하다.

[그림 4.16] 엠블록의 확장 기능 선택 화면 예시
(https://www.mblock.cc/)

7. Code.org

Code.org(코드닷 오알지)는 2013년부터 모든 학교의 모든 학생에게 컴퓨터 과학을 배울 기회를 제공하자는 슬로건을 내세워 시작된 온라인 코딩 교육 사이트이다. 온라인으로 누구나 컴퓨터 과학의 원리를 학습할 수 있도록 다양한 프로젝트와 학습 자료들을 공개하고 있으며 난이도별 코스, 스타워즈 게임이나 겨울왕국 캐릭터를 이용한 코딩 등 어린 학습자들이 흥미를 가지고 쉽게 코딩의 개념을 익힐 수 있도록 하고 있다. 특히, 다양한 강의 주제 중 '바다환경을 위한 AI' 강의에서는 머신러닝, 데이터 수집, 데이터 편향 등의 인공지능 개념에 대해 배우도록 하고 있으며, 인간이 겪고 있는 윤리적 문제를 탐구하고 인공지능을 활용하여 전세계적인 문제를 어떻게 해결할 것인지 체험해 보도록 하고 있다. 학생들은 이러한 문제 해결의 과정에서 머신러닝 모델의 개념을 학습하고 머신러닝 모델을 훈련시키게 된다.

[그림 4.17] Code.org의 바다환경을 위한 AI 초기 화면
(https://code.org/oceans)

<논 의>

1. 티처블 머신을 활용하여 만들어 볼 수 있는 머신러닝 모델을 제시해 보자.
2. 다양한 인공지능 교육을 위한 도구와 피지컬 컴퓨팅 교육의 연계 방안을 논의해 보자.
3. 인공지능 도구 및 서비스를 활용하여, 실과 교육과정의 소프트웨어 교육 연계 방안을 논의해 보자.
4. 인공지능 도구 및 서비스의 장점과 단점을 비교하여 보고, 효과적인 활용 방안에 대해 논의해 보자.

<참고문헌>

https://experiments.withgoogle.com/
https://teachablemachine.withgoogle.com/
https://quickdraw.withgoogle.com
https://www.autodraw.com/
https://machinelearningforkids.co.uk
https://machinelearningforkids.co.uk/scratch3/)
https://playentry.org/
https://aicodingblock.kt.co.kr/
https://www.mblock.cc/
https://code.org/oceans

제5장. 인공지능과 메이커 융합교육의 실천 방안

1. 머신러닝 기반의 인공지능 융합교육

2. 탐색 기반의 인공지능 융합교육

3. 지식표현과 추론 기반의 인공지능 융합교육

4. 데이터 기반의 인공지능 융합교육

5. 컴퓨터 비전 기반의 인공지능 융합교육

6. 자연어 처리 기반의 인공지능 융합교육

7. 사회적 영향 기반의 인공지능 융합교육

제5장 인공지능과 메이커 융합교육의 실천 방안

이철현, 김동만(2020)은 초중등 인공지능 교육의 실천을 위하여 국내외 인공지능 교육 내용을 분석하여 인공지능 학습 요소를 제시한바 있다. 이철현, 김동만(2020)에 제시한 인공지능 학습 주제는 인공지능 개념, 머신 러닝, 탐색, 표현과 추론, 데이터, 컴퓨터 비전, 자연어 처리, 사회적 영향의 8가지이며, 이 장에서는 인공지능의 개념을 제외한 7가지 인공지능 학습 주제와 그 세부 학습 요소가 반영된 인공지능 융합교육 프로그램에 대하여 살펴보도록 한다. 다만 하나의 학습 주제에는 여러 가지의 인공지능 학습 요소가 포함될 수 있으므로 7가지의 학습 주제를 중심으로 인공지능 융합교육의 실천 방안을 분류하였다.

1. 머신러닝 기반의 인공지능 융합교육

인공지능의 핵심 기술 중 하나인 머신러닝은 다양한 데이터를 통해 얻은 정보를 지식으로 변환하는 도구라고 할 수 있다. 인공지능에 대한 연구가 본격적으로 시작된 지난 50여년 동안 인간이 접근할 수 있는 데이터의 양은 폭발적으로 증가하였으나, 방대한 양의 데이터는 그 속에 숨어있는 패턴과 규칙 등을 밝혀내지 않으면 그 효용성이 매우 떨어지게 된다. 머신러닝 기술은 복잡한 데이터 속에서 발견하기 어려운 다양한 패턴과 규칙을 자동으로 찾는데 활용되는데 머신러닝 기술을 활용하여 숨겨진 패턴과 규칙을 찾아내면, 이를 이용하여 다양한 사건을 예측하고 복잡한 의사 결정을 수행할 수 있다. 머신러닝의 학습 방법에는 크게 지도학습, 비지도학습, 강화학습 등이 있으며 다양한 도구를 활용하여 인공지능을 융합교육을 수업에 적용해 볼 수 있다.

1.1 티처블 머신을 활용한 인공지능 융합교육 수업 방안

티처블 머신은 웹 브라우저 환경에서 웹캠, 마이크 또는 저장된 데이터(이미지, 음성, 영상)를 활용하여 머신러닝의 동작 원리를 탐색하고 실험해 볼 수 있는 서비스이다. 다음은 이미지 데이터를 활용하여 올바른 마스크 착용을 감지하는 융합교육 수업 사례를 소개한 것이다.

활동 주제	올바른 마스크 착용을 감지하는 인공지능 프로그램
적용 학년	초등학교 5-6학년

---

1) 생각 열기

☑ 내가 만들고 싶은 이미지 분류 프로그램 구상하기

▣ 어떤 이미지 분류 프로그램을 만들고 싶은지 글 또는 그림으로 표현하여 봅시다.

■ 이미지를 분류하기 위해서 어떤 기준이 필요한지 써 봅시다.

분류 기준	예) 마스크 불량 착용과 바른 마스크 착용
수집하는 데이터	예) 마스크를 착용한 다양한 얼굴 사진

2) 생각 펼치기

☑ 티처블 머신을 이용한 올바른 마스크 착용 감지 프로그램 만들기

■ 티처블 머신을 이용하여 올바른 마스크 착용을 감지하는 인공지능 프로그램을 만들어 봅시다.

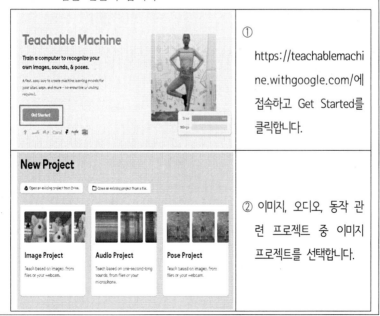

① https://teachablemachine.withgoogle.com/에 접속하고 Get Started를 클릭합니다.

② 이미지, 오디오, 동작 관련 프로젝트 중 이미지 프로젝트를 선택합니다.

③ 클래스를 생성한 후 마스크 착용과 마스크 미착용으로 나눈다.

④ 웹캠을 선택하고 'Hold to Record'를 클릭하여 마스크 불량 착용의 이미지를 넣어줍니다.

⑤ ④의 단계와 같이 웹캠을 선택하고 'Hold to Record'를 클릭하여 바른 마스크 착용의 이미지를 넣어줍니다.

Training Train Model Advanced	⑥ Train Model(모델 훈련 하기)를 클릭하여 인공지 능에게 데이터를 학습 시킵니다.
Output 마스크 불량 착 용 바른 마 스크 착 용	⑦ 웹캠을 이용하여 마스크 를 착용한 얼굴을 인식하 고 인공지능이 잘 작동하 는지 확인하여 봅시다.

3) 생각 다지기

■ 바른 마스크 착용을 감지하는 인공지능 프로그램을 이용하여 어떤 장치를 만들 수 있을지 글 또는 그림으로 설명하여 봅시다.

1.2 머신 러닝 포 키즈를 활용한 인공지능 융합교육 수업 방안

머신 러닝 포 키즈는 웹 브라우저 환경에서 웹캠, 마이크 또는 저장된 데이터(이미지, 음성, 영상)를 활용하여 머신러닝의 동작 원리를 탐색하고 실험해 볼 수 있는 서비스이다. 다음에서 머신 러닝 포 키즈를 활용하여 나쁜 댓글을 구분하는 인공지능 프로그램을 만드는 수업 내용을 소개하도록 한다.

활동 주제	좋은 댓글과 나쁜 댓글을 구분하는 인공지능 프로그램
적용 학년	초등학교 5-6학년

---

1) 생각 열기

☑️ 내가 만들고 싶은 텍스트 분류 프로그램 구상하기

▣ 어떤 텍스트 분류 프로그램을 만들고 싶은지 글 또는 그림으로 표현하여 봅시다.

■ 텍스트를 분류하기 위해서 어떤 기준이 필요한지 써 봅시다.

분류 기준	예) 좋은 댓글과 나쁜 댓글
수집하는 데이터	예) 다양한 댓글 입력 데이터

2) 생각 펼치기

☑ 머신 러닝 포 키즈를 이용한 나쁜 댓글 감지 프로그램 만들기

■ 머신 러닝 포 키즈의 텍스트 프로젝트를 활성화하기 위한 API 키 등록하기

인공지능 게임을 만들어봐요. 관리페이지로 이동 프로젝트로 이동	① https://machinelearn ingforkids.co.uk/에 접속하고 로그인을 한 후 관리페이지로 이동 을 클릭합니다.

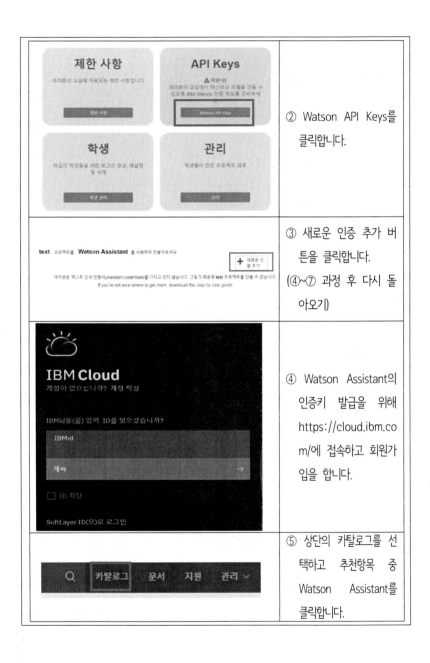

제한 사항 / API Keys / 학생 / 관리	② Watson API Keys를 클릭합니다.
text 프로젝트를 **Watson Assistant** 를 사용하여 만들어보세요 / + 새로운 인증 추가	③ 새로운 인증 추가 버튼을 클릭합니다. (④~⑦ 과정 후 다시 돌아오기)
IBM Cloud / 계정이 없으십니까? 계정 작성 / IBMid를(을) 입력 ID를 잊으셨습니까? / IBMid / 계속 / ID 저장 / SoftLayer ID(으)로 로그인	④ Watson Assistant의 인증키 발급을 위해 https://cloud.ibm.com/에 접속하고 회원가입을 합니다.
Q 카탈로그 문서 지원 관리 ∨	⑤ 상단의 카탈로그를 선택하고 추천항목 중 Watson Assistant를 클릭합니다.

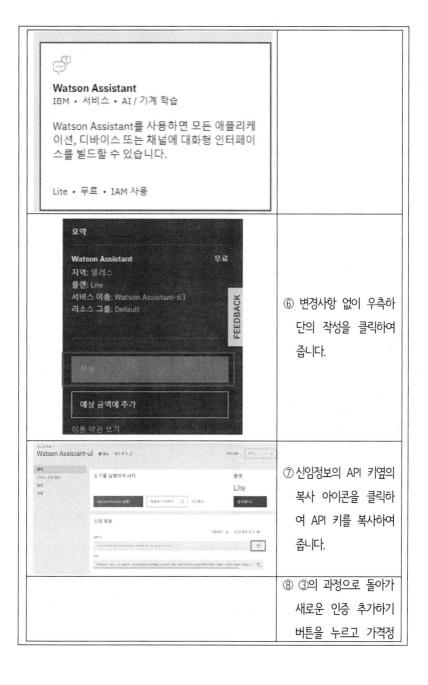

Watson Assistant IBM · 서비스 · AI / 기계 학습 Watson Assistant를 사용하면 모든 애플리케이션, 디바이스 또는 채널에 대화형 인터페이스를 빌드할 수 있습니다. Lite · 무료 · IAM 사용	
요약 **Watson Assistant** 무료 지역: 댈러스 플랜: Lite 서비스 이름: Watson Assistant-63 리소스 그룹: Default	⑥ 변경사항 없이 우측하단의 작성을 클릭하여 줍니다.
Watson Assistant-ul	⑦ 신임정보의 API 키옆의 복사 아이콘을 클릭하여 API 키를 복사하여 줍니다.
	⑧ ③의 과정으로 돌아가 새로운 인증 추가하기 버튼을 누르고 가격정

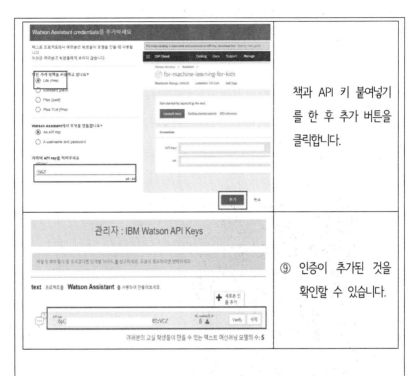

| | 책과 API 키 붙여넣기 를 한 후 추가 버튼을 클릭합니다. |

| 관리자 : IBM Watson API Keys | ⑨ 인증이 추가된 것을 확인할 수 있습니다. |

▣ 티처블 머신을 이용하여 나쁜 댓글을 감지하는 인공지능 프
로그램을 만들어 봅시다

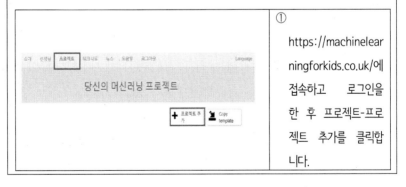

① https://machinelear ningforkids.co.uk/에 접속하고 로그인을 한 후 프로젝트-프로 젝트 추가를 클릭합 니다.

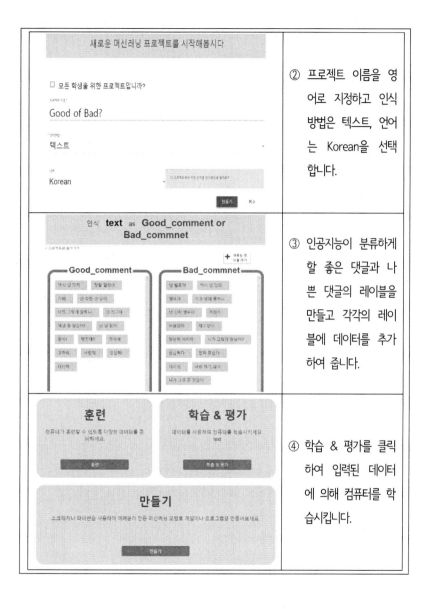

새로운 머신러닝 프로젝트를 시작해봅시다 ☐ 모든 학생을 위한 프로젝트입니까? 프로젝트 이름* Good of Bad? 인식방법* 텍스트 언어 Korean	② 프로젝트 이름을 영어로 지정하고 인식 방법은 텍스트, 언어는 Korean을 선택합니다.
인식 **text** as **Good_comment or Bad_commnet** Good_comment Bad_commnet	③ 인공지능이 분류하게 할 좋은 댓글과 나쁜 댓글의 레이블을 만들고 각각의 레이블에 데이터를 추가하여 줍니다.
훈련 학습 & 평가 만들기	④ 학습 & 평가를 클릭하여 입력된 데이터에 의해 컴퓨터를 학습시킵니다.

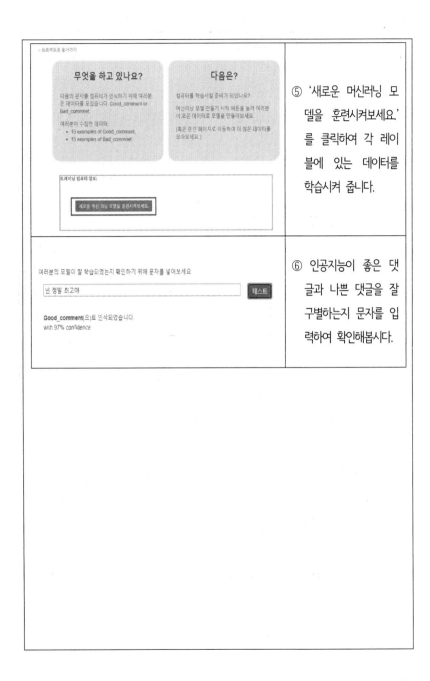

⑤ '새로운 머신러닝 모
델을 훈련시켜보세요.'
를 클릭하여 각 레이
블에 있는 데이터를
학습시켜 줍니다.

⑥ 인공지능이 좋은 댓
글과 나쁜 댓글을 잘
구별하는지 문자를 입
력하여 확인해봅시다.

3) 생각 다지기

■ 나쁜 댓글을 감지하는 머신러닝 모델을 기반으로 스크래치 프로그램을 활용하여 학급 게시판의 악성 댓글을 경고하는 프로그램을 작성하여 봅시다.

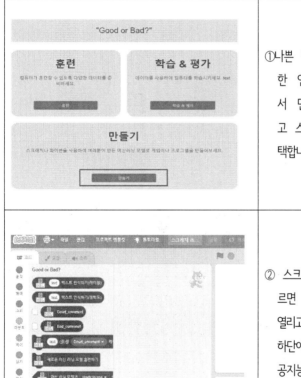	①나쁜 댓글 감지를 위한 인공지능 모델에서 만들기를 클릭하고 스크래치 3를 선택합니다.
	② 스크래치 열기를 누르면 블록 코딩창이 열리고 블록 모음의 하단에 내가 만든 인공지능 모델이 확장된 것을 확인할 수 있습니다.

	③ 이벤트 팔레트의 깃발을 클릭했을 때를 가져옵니다.
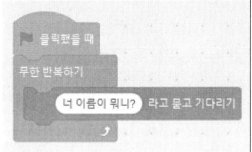	④ 제어 팔레트의 무한 반복하기 블록과 감지의 '너 이름이 뭐니?' 라고 묻고 기다리기 블록을 가져옵니다.
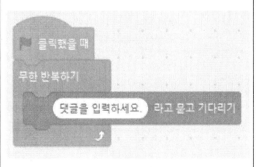	⑤ 묻고 기다리기 블록의 '너 이름이 뭐니?' 블록을 지우고 '댓글을 입력하세요.'를 입력합니다.

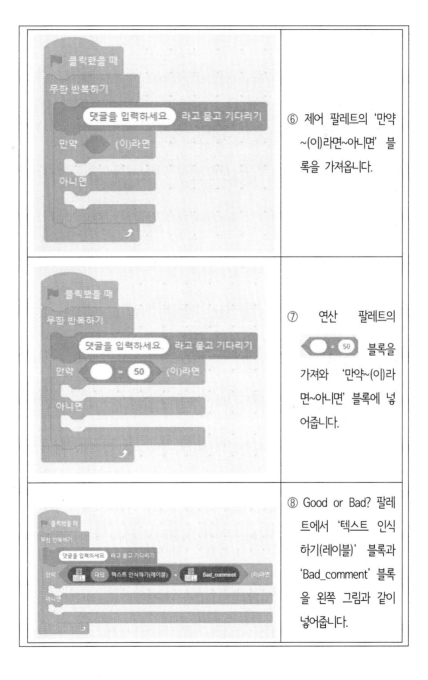

	⑥ 제어 팔레트의 '만약 ~(이)라면~아니면' 블록을 가져옵니다.
	⑦ 연산 팔레트의 블록을 가져와 '만약~(이)라면~아니면' 블록에 넣어줍니다.
	⑧ Good or Bad? 팔레트에서 '텍스트 인식하기(레이블)' 블록과 'Bad_comment' 블록을 왼쪽 그림과 같이 넣어줍니다.

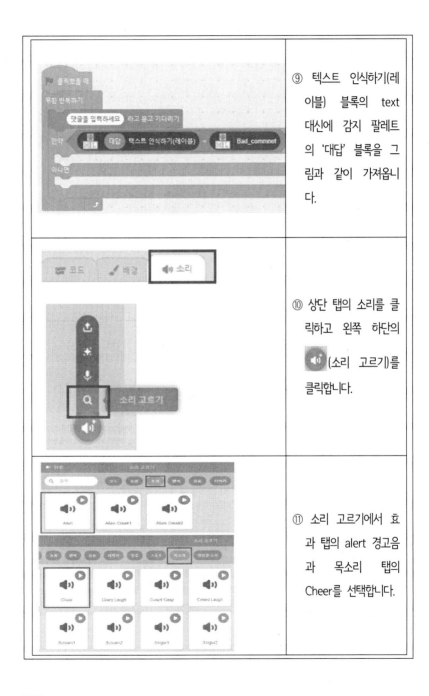

	⑨ 텍스트 인식하기(레이블) 블록의 text 대신에 감지 팔레트의 '대답' 블록을 그림과 같이 가져옵니다.
	⑩ 상단 탭의 소리를 클릭하고 왼쪽 하단의 (소리 고르기)를 클릭합니다.
	⑪ 소리 고르기에서 효과 탭의 alert 경고음과 목소리 탭의 Cheer를 선택합니다.

178

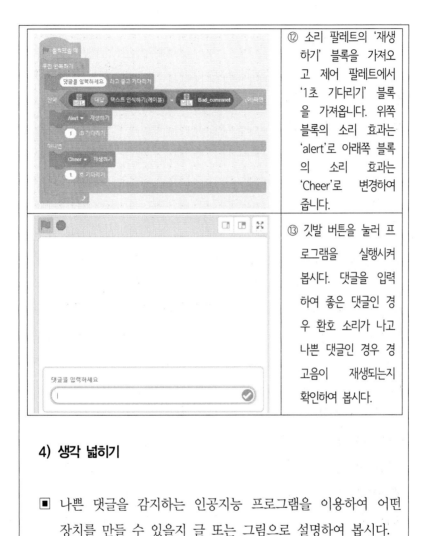

	⑫ 소리 팔레트의 '재생하기' 블록을 가져오고 제어 팔레트에서 '1초 기다리기' 블록을 가져옵니다. 위쪽 블록의 소리 효과는 'alert'로 아래쪽 블록의 소리 효과는 'Cheer'로 변경하여 줍니다.
댓글을 입력하세요	⑬ 깃발 버튼을 눌러 프로그램을 실행시켜 봅시다. 댓글을 입력하여 좋은 댓글인 경우 환호 소리가 나고 나쁜 댓글인 경우 경고음이 재생되는지 확인하여 봅시다.

4) 생각 넓히기

■ 나쁜 댓글을 감지하는 인공지능 프로그램을 이용하여 어떤 장치를 만들 수 있을지 글 또는 그림으로 설명하여 봅시다.

2. 탐색 기반의 인공지능 융합교육

인공지능 요소 기술 중 탐색(search)은 특정 문제의 해결 방안이 될 수 있는 것들의 집합을 공간으로 보고, 특정 문제에 대한 최적의 해결 방안을 찾기 위해 공간을 체계적으로 살펴보는 것을 말한다. 탐색의 종류에는 무정보 탐색, 휴리스틱 탐색, 게임트리 탐색 등이 있으며, 여기서는 알파고의 핵심전략으로 잘 알려진 몬테카를로 트리 탐색의 사례를 살펴보도록 한다.

19×19 격자의 361점 위의 적당한 지점에 서로 번갈아 한 번씩 돌을 놓아 진을 치며 싸우고, 차지한 집(점)이 많고 적음으로 승패를 가리는 바둑은 상대방과 첫 수를 주고받는 경우의 수만 12만 9960 가지나 된다고 한다. 네덜란드의 컴퓨터 과학자이자 아마추어 바둑기사 John Tromp는 19×19 격자인 경우 착수할 수 있는 경우의 수가 $2.08×10^{170}$임을 계산해냈는데 이는 우주에 있는 원자의 개수인 $12×10^{78}$보다 더 큰 수임을 알 수 있다. 이렇듯 바둑은 상대의 선택에 따라 대응할 수 있는 경우의 수가 무수히 많기 때문에 서로 바둑돌을 놓는 모든 경우의 수를 계산한다는 것은 불가능에 가깝다.

따라서 이세돌과 겨루었던 알파고의 경우 상대방이 바둑돌을 어디에 놓느냐에 따라 다양한 경우의 수 중 하나를 선택하고 시뮬레이션하는 과정을 통해 어디에 돌을 놓으면 승리할 확률이 높을지 계산하는 방식을 핵심 전략으로 삼았다. 아래 그림과 같이 수많은 경우의 수를 선택하고 이를 확장하고 어떤 결과가 나올지 시뮬레이션을 해보고 다시 그 결과들을 전달하여 이 과정들을 반복하는 방법을 '몬테카를로 트리 탐색'이라고 한다.

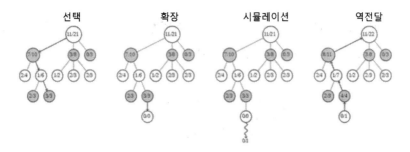

| 선택 | 확장 | 시뮬레이션 | 역전달 |

[그림 4.1] 몬테카를로 트리 탐색의 예시

다음에서는 몬테카를로 트리 탐색의 원리를 이해하기 위한 언플러그드 활동으로 삼목게임(틱택토)를 활용하여 인공지능의 학습 원리를 알아보는 수업 내용을 소개하도록 한다.

활동 주제	삼목게임을 활용한 몬테카를로 트리 탐색의 원리 이해
적용 학년	초등학교 5-6학년

1) 생각 열기

☑ 삼목게임(틱택토)의 규칙 알아보기

▣ 삼목게임(틱택토)의 규칙을 알아봅시다.

몬테카를로 트리 탐색의 방법으로 바둑 프로그램의 시뮬레이션이 어떻게 이루어지는지 알아보기 위해 삼목게임(틱택토, Tic-Tac-Toe)의 사례를 살펴봅시다. 삼목게임은 아래 그림과 같이 가로와 세로가 각각 3칸으로 이루어진 판에 두 사람이 O와 X를 번갈아 놓는 게임입니다. 가로나 세로, 대각선으로 같은 모양이 3

개가 연결되어 한 줄이 만들어지면 이기게 됩니다. 아래 그림의 경우, 같은 모양 3개가 한 줄이 된 경우가 없으므로 무승부로 기록이 됩니다.

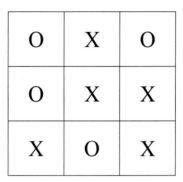

<삼목게임(틱택토)>

◼ 삼목게임에서 첫 번째 수를 놓을 수 있는 경우의 수를 써 봅시다.

경우의 수	

2) 생각 펼치기

☑ 몬테카를로 트리 탐색에서 승리 확률 알아보기

◼ 삼목게임의 몬테카를로 트리 탐색에서 승리할 확률 알아봅시다.

◼ 위의 몬테카를로 트리 탐색에서 X를 놓은 사람이 이길 확률을 계산해 봅시다.

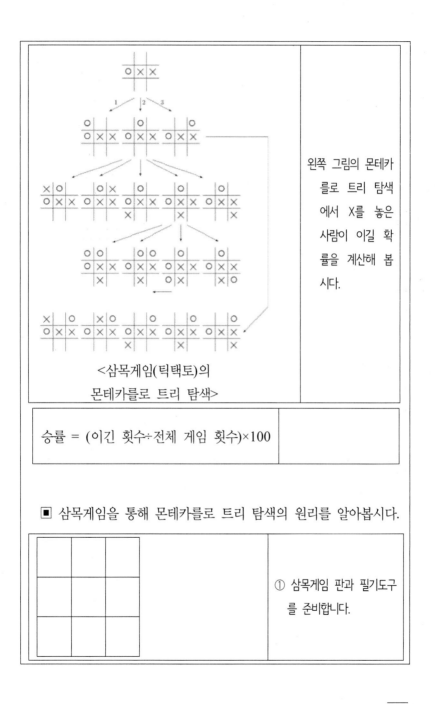

<삼목게임(틱택토)의
몬테카를로 트리 탐색>

왼쪽 그림의 몬테카
를로 트리 탐색
에서 X를 놓은
사람이 이길 확
률을 계산해 봅
시다.

승률 = (이긴 횟수÷전체 게임 횟수)×100

■ 삼목게임을 통해 몬테카를로 트리 탐색의 원리를 알아봅시다.

① 삼목게임 판과 필기도구
를 준비합니다.

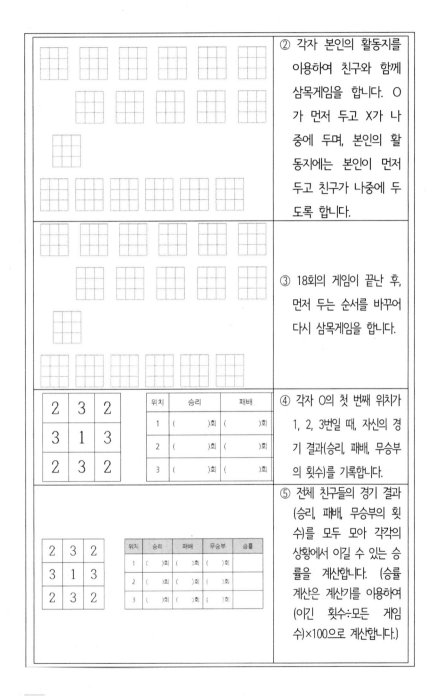

② 각자 본인의 활동지를 이용하여 친구와 함께 삼목게임을 합니다. O가 먼저 두고 X가 나중에 두며, 본인의 활동지에는 본인이 먼저 두고 친구가 나중에 두도록 합니다.

③ 18회의 게임이 끝난 후, 먼저 두는 순서를 바꾸어 다시 삼목게임을 합니다.

④ 각자 O의 첫 번째 위치가 1, 2, 3번일 때, 자신의 경기 결과(승리, 패배, 무승부의 횟수)를 기록합니다.

위치	승리	패배
1	( )회	( )회
2	( )회	( )회
3	( )회	( )회

⑤ 전체 친구들의 경기 결과(승리, 패배, 무승부의 횟수)를 모두 모아 각각의 상황에서 이길 수 있는 승률을 계산합니다. (승률 계산은 계산기를 이용하여 (이긴 횟수÷모든 게임 수)×100으로 계산합니다.)

위치	승리	패배	무승부	승률
1	( )회	( )회	( )회	
2	( )회	( )회	( )회	
3	( )회	( )회	( )회	

⑥ 아래 삼목게임 판에 각
   각의 위치에서 이길 수
   있는 승률을 써 봅시다.

3) 생각 다지기

▣ 인공지능은 어떤 방법으로 게임의 전략을 학습하였을지 생각
   해 봅시다.

3. 지식 표현과 추론 기반의 인공지능 융합교육

추론 및 지식표현 기술은 입력·학습 데이터를 기반으로 새로운 정
보에 대한 답을 스스로 도출해내는 지능으로, 개별적 정보를 이해하
는 단계를 넘어 각 정보간 상대적 관계를 파악하여 추론하는 단계까
지 발전하고 있다.

한편, 구글은 2012년 5월 지식 그래프(knowledge graph)을 검색
시스템에 도입하였는데, 검색창에 검색한 결과에 단순히 링크만을 제
공하는 것이 아닌, 사용자가 원하는 답을 제공하고자 하는 시스템이
다. 예를 들어, 과거에는 '유관순'과 '사망 나이'를 함께 검색하면 유
관순과 사망, 나이가 포함된 웹사이트의 링크를 불러왔으나, 지식 그

래프 시스템의 도입 이후에는 검색어 사이의 관계 문장의 흐름 등을
고려하여 사용자의 의도를 추론한 정답을 최상단에 노출하고 있다.

<구글의 검색 결과>

<네이버의 검색 결과>

[그림 4.2] 구글과 네이버의 검색 결과 차이 비교

활동 주제	문장 카드를 활용한 논리적 추론
적용 학년	초등학교 5-6학년

인공지능 기업 중 하나인 메타마인드(MetaMind)는 추론 문제를 해결하는 인공지능인 'Ask me Anything'을 구현한 논문을 발표하였습니다. 이 인공지능은 텍스트로 제공된 다양한 정보를 이해하고 텍스트의 문맥적 관계를 유추하여 아래와 같은 추론 문제에 정확한 답을 말할 수 있습니다. 다음에서 인공지능이 어려워 한 추론 문제를 해결해 봅시다.

1) 생각 열기

 인공지능이 추론 문제를 해결하는 방법 알아보기

▣ 아래 문제를 보고 마지막 물음에 답하여 봅시다.

> 1. 이 집에는 다섯 명의 사람이 있다.
> 2. 철수는 화장실로 들어가고 있다.
> 3. 연수는 주방으로 다시 돌아왔다.
> 4. 서연이는 연수와 함께 있다.
> 5. 동준이는 거실에 있다.
> 6. 서연이는 우유를 그곳으로 가져갔다.
>
> 문제: 우유는 어디에 있을까?
> 정답: _____

2) 생각 펼치기

☑️ 문장형 문제를 통한 논리적 추론하기

◼ 아래 문제를 보고 이동 경로를 말해 봅시다.

---

1. 주방은 북쪽 통로 방향에 있다.
2. 욕실은 침실 서쪽에 있다.
3. 로봇청소기는 동쪽 통로 방향에 있다.
4. 사무실은 침실의 남쪽에 있다.

문제 1: 로봇청소기부터 주방까지는 어떻게 가야합니까?

문제 2: 사무실에서 욕실까지는 어떻게 가야합니까?

◼ 아래 문제를 문제에 네, 아니오로 답하여 봅시다.

---

1. 삼각형은 파란색 사각형의 오른쪽에 있다.
2. 빨간색 사각형은 파란색 사각형의 위에 있다.
3. 빨간색 구는 파란색 사각형의 오른쪽에 있다.

문제 1: 빨간색 구는 파란색 사각형의 오른쪽에 있나요?

문제 2: 빨간색 구는 삼각형의 왼쪽에 있나요?

---

4. 데이터 기반의 인공지능 융합교육

  인공지능에서 활용되는 데이터 과학은 방대한 양의 정보와 데이터
를 과학적인 방법을 사용하여 인간에게 유용한 정보와 기능으로 만들
어내는 기술이다. 현재의 인공지능 기술 발전에 있어서 컴퓨팅 성능
향상과 더불어 가장 중요하다고 할 수 있는 것이 바로 데이터이며
아무리 뛰어난 성능의 컴퓨터가 있더라도 데이터가 없으면 인공지능
모델을 구현할 수 없다. 여기에서는 공공기관이 제공하는 다양한 공
공 데이터를 활용하여 댐 수위를 조절하는 인공지능 프로그램 개발의
수업 사례를 살펴보도록 한다.

활동 주제	공공 데이터를 활용한 그래프 만들기
적용 학년	초등학교 5-6학년

1) 생각 열기

☑ 공공 기관에서 제공하는 다양한 공공 데이터를 수집하는 방법 알아보기

■ 공공 데이터 포털(https://www.data.go.kr/)에 접속하여 원하는 공공 데이터를 수집하여 봅시다.

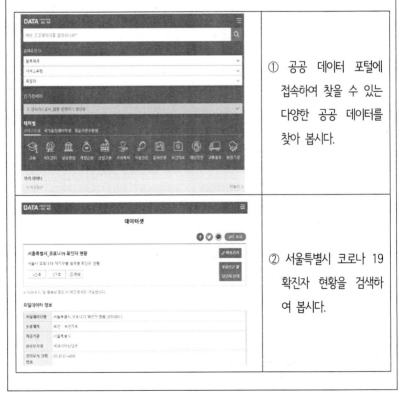

	① 공공 데이터 포털에 접속하여 찾을 수 있는 다양한 공공 데이터를 찾아 봅시다.
	② 서울특별시 코로나 19 확진자 현황을 검색하여 봅시다.

2) 생각 펼치기

☑️ 공공 기관에서 제공하는 공공 데이터를 활용하여 다양한 그래프 만들기

◼ 엔트리 데이터 테이블을 활용하여 그래프를 만들어 봅시다.

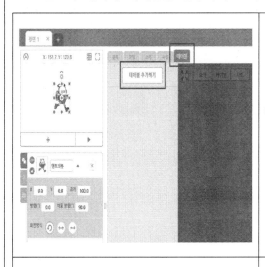	① 테이블 탭에 들어가 '테이블 추가하기'를 클릭하여 줍니다.
	② 테이블 추가하기에서 '월전체 강수량'을 추가해 줍니다.

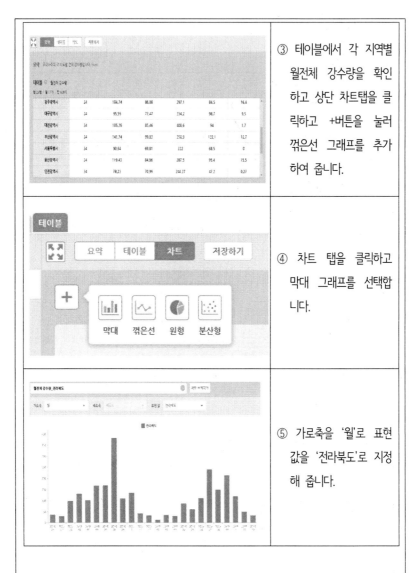

③ 테이블에서 각 지역별 월전체 강수량을 확인하고 상단 차트탭을 클릭하고 +버튼을 눌러 꺾은선 그래프를 추가하여 줍니다.

④ 차트 탭을 클릭하고 막대 그래프를 선택합니다.

⑤ 가로축을 '월'로 표현 값을 '전라북도'로 지정해 줍니다.

■ 그래프의 모양과 지역 설정을 변경하여 그래프를 표현해 봅시다.

3) 생각 다지기

☑️ 미세먼지 농도 데이터를 이용한 그래프 만들기

◼ 미세먼지 농도 데이터를 이용하여 그래프를 만들어 봅시다.

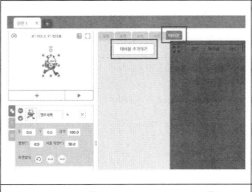	① 테이블 탭에 들어가 '테이블 추가하기'를 클릭하여 줍니다.
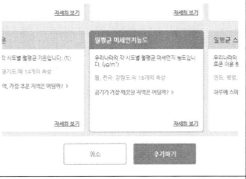	② 테이블 추가하기에서 '월평균 미세먼지농도'를 추가해 줍니다.
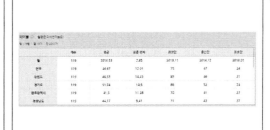	③ 테이블에서 각 지역별 월평균 미세먼지농도를 확인하고 상단 차트탭을 클릭하고 +버튼을 눌러 꺾은선 그래프를 추가하여 줍니다.

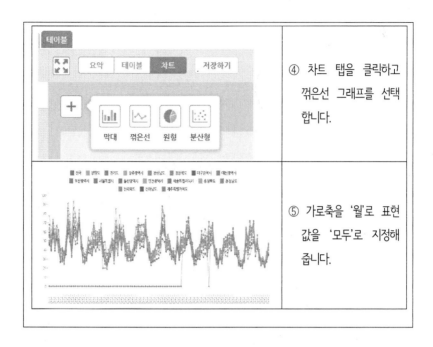

	④ 차트 탭을 클릭하고 꺾은선 그래프를 선택합니다.
	⑤ 가로축을 '월'로 표현 값을 '모두'로 지정해 줍니다.

5. 컴퓨터 비전 기반의 인공지능 융합교육

컴퓨터 비전 기술은 인공지능의 시각에 해당하는 부분을 연구하는 분야로 딥러닝 알고리즘을 통해 객체를 식별하고 분류하는 방법을 학습하는 것이 핵심이다. 충분한 학습이 이루어진 컴퓨터 비전 모델은 인공지능 비전 센서에 인식된 외부 대상들에 반응하여 사람 또는 사물을 감지하거나 구별할 수 있다. 최근 운전자 또는 승객의 조작 없이 스스로 운행 가능한 자율주행 자동차는 컴퓨터 비전 기술을 통해 외부 객체를 감지하며 입력받은 시각 정보를 통해 자율 주행의 수준을 결정하게 된다. 자율주행 자동차에는 컴퓨터 비전 기술 이외에도 다양한 센서를 활용하여 외부 객체의 정보를 인식하고 분석하여 자동차의 움직임을 결정하고 있다.

5.1 엠블록을 활용한 인공지능 융합교육 수업 방안

엠블록은 인식 서비스, 기계학습, 데이터 차트, 사용자 클라우드 메시지 등 다양한 인공지능 확장 기능을 지원하고 있다. 엠블록은 스크래치 3.0 기반의 블록 코딩 프로그램으로 웹 기반으로 인공지능 프로그래밍이 가능하며 다양한 디바이스를 연결하여 메이커 융합교육에도 활용할 수 있다. 다음에서는 엠블록의 인공지능 확장기능을 활용하여 카메라가 텍스트를 인식하여 읽어주는 인공지능 프로그램을 만드는 수업 내용을 소개하도록 한다.

활동 주제	카메라가 인식한 책의 내용을 읽어주는 인공지능 프로그램
적용 학년	초등학교 5-6학년

---

1) 생각 열기

☑ 구글 번역기의 [카메라] 기능을 활용한 가정통신문 번역하기

▣ 아래의 가정 통신문을 스마트폰의 '구글 번역기' 어플리케이션을 활용하여 다문화 가정의 부모님을 위해 다른 나라의 언어로 번역하여 봅시다.

가정 통신문

내일부터 코로나 19의 방역을 위한 사회적
거리두기 단계가 1단계로 조정됩니다.

하늘초등학교장

■ 구글 번역기를 활용한 실시간 번역하기

① 구글 번역기 어플리케
이션을 실행하고 [카메
라] 기능을 클릭합니다.

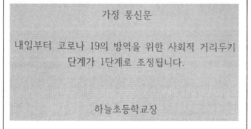

② 카메라의 위치를 잘 조
절하여 번역하고자 하는
텍스트가 잘 인식되도록
해줍니다.

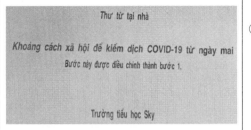	③ 실시간으로 번역된 결과를 확인합니다. 스마트폰 캡쳐 기능을 이용하여 저장할 수 있습니다.
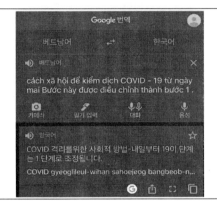	④ 의미가 통하도록 번역이 이루어졌는지 확인하기 위해 번역된 텍스트의 이미지를 다시 한국어로 번역하여 봅시다.

2) 생각 펼치기

☑️ 엠블록을 이용한 책 읽어주는 인공지능 프로그램 만들기

◾ 엠블록을 이용하여 가정통신문을 읽어주는 인공지능 프로그램을 만들어 봅시다.

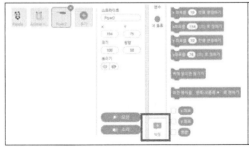	①https://ide.mblock.cc/ 에 접속하고 로그인을 한 후 확장 기능 선택 버튼을 클릭합니다.

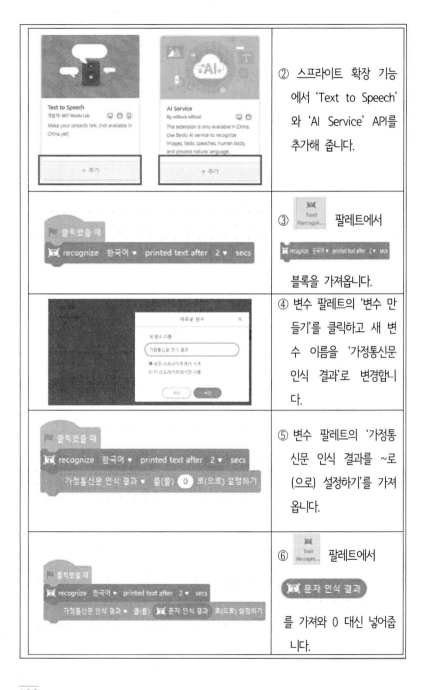

② 스프라이트 확장 기능에서 'Text to Speech'와 'AI Service' API를 추가해 줍니다.

③ 팔레트에서 블록을 가져옵니다.

④ 변수 팔레트의 '변수 만들기'를 클릭하고 새 변수 이름을 '가정통신문 인식 결과'로 변경합니다.

⑤ 변수 팔레트의 '가정통신문 인식 결과를 ~로(으로) 설정하기'를 가져옵니다.

⑥ 팔레트에서 를 가져와 0 대신 넣어줍니다.

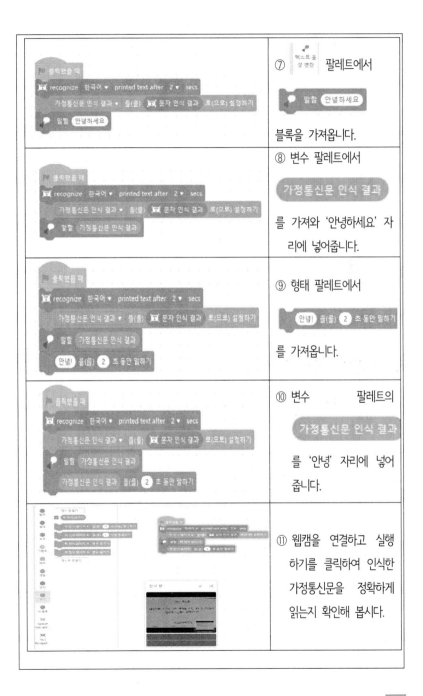

	⑦ 텍스트 음성 변환 팔레트에서 말할 안녕하세요 블록을 가져옵니다.
	⑧ 변수 팔레트에서 가정통신문 인식 결과 를 가져와 '안녕하세요' 자리에 넣어줍니다.
	⑨ 형태 팔레트에서 안녕! 을(를) 2 초 동안 말하기 를 가져옵니다.
	⑩ 변수 팔레트의 가정통신문 인식 결과 를 '안녕' 자리에 넣어줍니다.
	⑪ 웹캠을 연결하고 실행하기를 클릭하여 인식한 가정통신문을 정확하게 읽는지 확인해 봅시다.

■ 카메라가 텍스트를 인식하여 음성으로 바꾸어주는 프로그램
  을 이용하여 어떤 장치를 만들 수 있을지 글 또는 그림으로
  설명하여 봅시다.

6. 자연어 처리 기반의 인공지능 융합교육

사람과 대화가 가능한 수준으로 대화하는 인공지능 프로그램의 핵
심 기술은 자연어 처리(Natural Language Processing) 기술이다. 자
연어 처리 기술은 컴퓨터를 위한 프로그래밍 언어가 아닌 사람과 사
람 사이에 실제로 사용하는 언어를 분석, 처리하는 기술로 머신러닝,
딥러닝 등의 인공지능 기술을 기반으로 하고 있다.

6.1 인공지능 스피커를 활용한 인공지능 융합교육 수업 방안

최근 자연어 처리 기술은 일상 생활 속에서 널리 이용되고 있는데,
구글 번역(google translate)와 같은 자동 번역 시스템은 문장 전체를
한번에 번역하기 위해 인공 신경망를 활용한 신경망 기계 번역

(neural machine translation) 방식을 활용하고 있다. 또한, 텍스트의 문서의 맞춤법을 검사해주는 인공지능 프로그램, 스마트폰의 음성인식, 문자인식 기술 등도 자연어 처리 활용 기술의 예이다. 다음은 KT AI 코딩팩을 활용하여 음성인식, 음성합성을 해주는 인공지능 프로그램의 수업 활용 방안을 소개한 것이다.

활동 주제	나의 질문에 답해 주는 인공지능 프로그램
적용 학년	초등학교 5-6학년

1) 생각 열기

 인공지능 스피커와 대화하기

◉ 인공지능 스피커의 이름을 정할 수 있다면 어떤 이름으로 부르고 싶은지 써 봅시다.

◉ 인공지능 스피커에게 하고 싶은 질문과 인공지능 스피커가 해 주었으면 하는 동작을 써 봅시다.

하고 싶은 질문	예) 너는 무엇을 할 수 있니?
해 주었으면 하는 동작	예) 치킨 주문해줘!

2) 생각 펼치기

☑️ 특정 단어를 부르면 인공지능 스피커가 대답하는 프로그램
▣ 핵심어를 부르면 대답하는 프로그램을 만들어 봅시다.

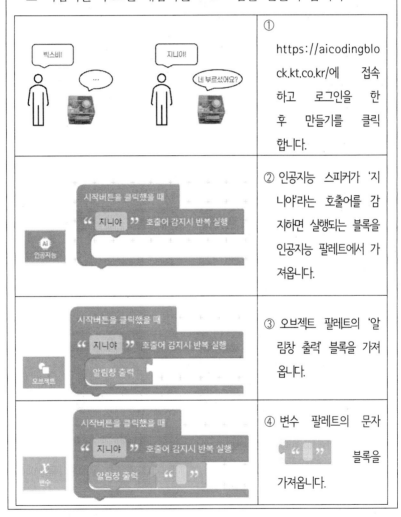

빅스비! · · · 지니야 네 부르셨어요?	① https://aicodingblock.kt.co.kr/에 접속하고 로그인을 한 후 만들기를 클릭합니다.
시작버튼을 클릭했을 때 " 지니야 " 호출어 감지시 반복 실행 (AI 인공지능)	② 인공지능 스피커가 '지니야'라는 호출어를 감지하면 실행되는 블록을 인공지능 팔레트에서 가져옵니다.
시작버튼을 클릭했을 때 " 지니야 " 호출어 감지시 반복 실행 알림창 출력 (오브젝트)	③ 오브젝트 팔레트의 '알림창 출력' 블록을 가져옵니다.
시작버튼을 클릭했을 때 " 지니야 " 호출어 감지시 반복 실행 알림창 출력 " " (x 변수)	④ 변수 팔레트의 문자 " " 블록을 가져옵니다.

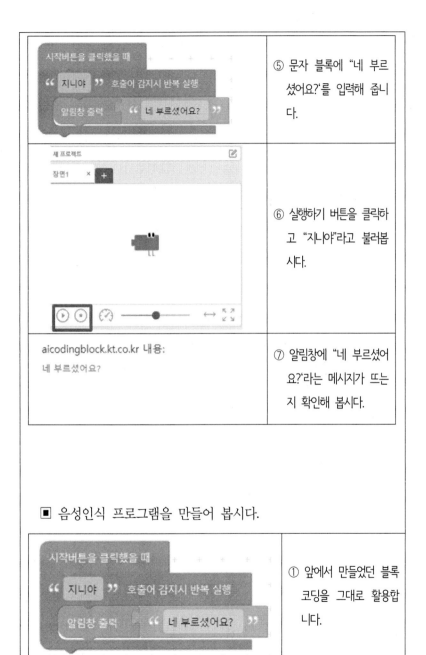

시작버튼을 클릭했을 때 "지니야" 호출어 감지시 반복 실행 알림창 출력 "네 부르셨어요?"	⑤ 문자 블록에 "네 부르셨어요?"를 입력해 줍니다.
새 프로젝트 장면1 × +	⑥ 실행하기 버튼을 클릭하고 "지니야"라고 불러봅시다.
aicodingblock.kt.co.kr 내용: 네 부르셨어요?	⑦ 알림창에 "네 부르셨어요?"라는 메시지가 뜨는지 확인해 봅시다.

◼ 음성인식 프로그램을 만들어 봅시다.

시작버튼을 클릭했을 때 "지니야" 호출어 감지시 반복 실행 알림창 출력 "네 부르셨어요?"	① 앞에서 만들었던 블록 코딩을 그대로 활용합니다.

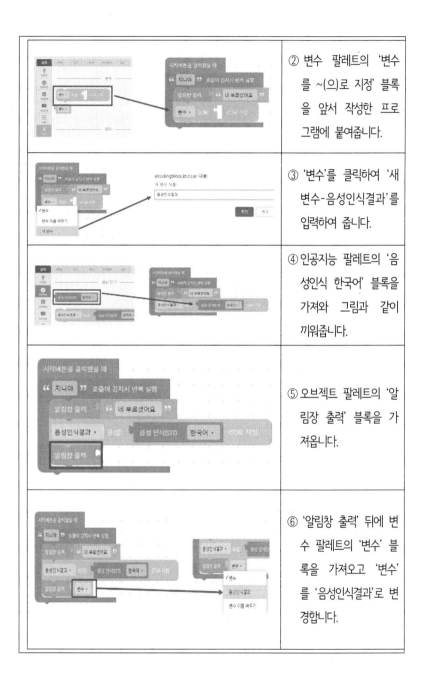

	② 변수 팔레트의 '변수를 ~(의)로 지정' 블록을 앞서 작성한 프로그램에 붙여줍니다.
	③ '변수'를 클릭하여 '새 변수-음성인식결과'를 입력하여 줍니다.
	④ 인공지능 팔레트의 '음성인식 한국어' 블록을 가져와 그림과 같이 끼워줍니다.
	⑤ 오브젝트 팔레트의 '알림장 출력' 블록을 가져옵니다.
	⑥ '알림장 출력' 뒤에 변수 팔레트의 '변수' 블록을 가져오고 '변수'를 '음성인식결과'로 변경합니다.

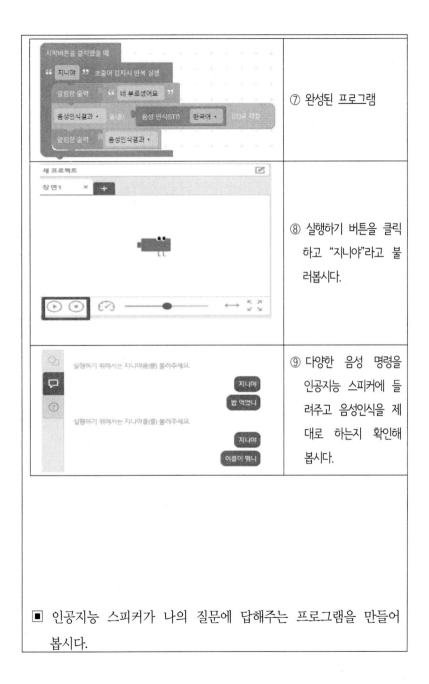

	⑦ 완성된 프로그램
	⑧ 실행하기 버튼을 클릭하고 "지니야"라고 불러봅시다.
	⑨ 다양한 음성 명령을 인공지능 스피커에 들려주고 음성인식을 제대로 하는지 확인해 봅시다.

■ 인공지능 스피커가 나의 질문에 답해주는 프로그램을 만들어 봅시다.

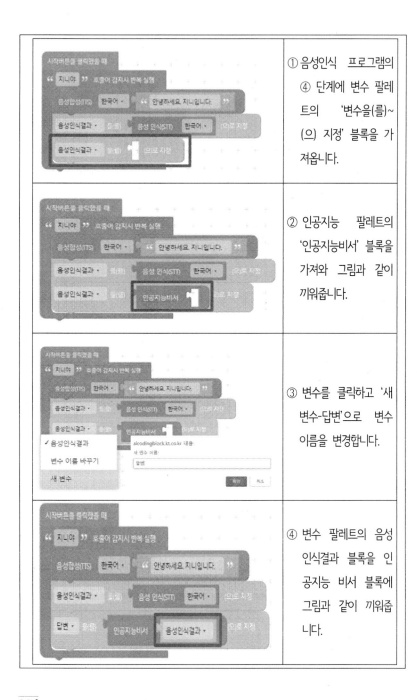

	① 음성인식 프로그램의 ④ 단계에 변수 팔레트의 '변수을(를)~(의) 지정' 블록을 가져옵니다.
	② 인공지능 팔레트의 '인공지능비서' 블록을 가져와 그림과 같이 끼워줍니다.
	③ 변수를 클릭하고 '새 변수-답변'으로 변수 이름을 변경합니다.
	④ 변수 팔레트의 음성 인식결과 블록을 인공지능 비서 블록에 그림과 같이 끼워줍니다.

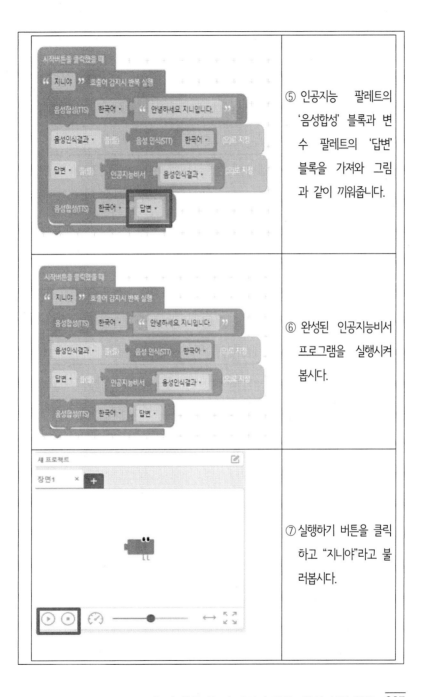

	⑤ 인공지능 팔레트의 '음성합성' 블록과 변수 팔레트의 '답변' 블록을 가져와 그림과 같이 끼워줍니다.
	⑥ 완성된 인공지능비서 프로그램을 실행시켜 봅시다.
	⑦ 실행하기 버튼을 클릭하고 "지니야"라고 불러봅시다.

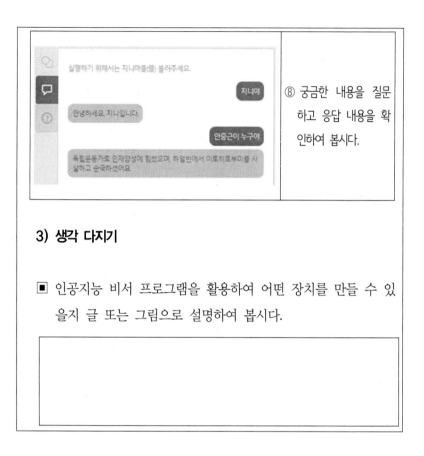

⑧ 궁금한 내용을 질문
하고 응답 내용을 확
인하여 봅시다.

3) 생각 다지기

■ 인공지능 비서 프로그램을 활용하여 어떤 장치를 만들 수 있
을지 글 또는 그림으로 설명하여 봅시다.

7. 사회적 영향 기반의 인공지능 융합교육

다음은 인공지능의 사회적 영향을 알아보기 위한 인공지능 윤리
교육 프로그램의 적용 방안을 소개한 것이다.

활동 주제	로봇과 인공지능이 바꿀 나의 미래
적용 학년	초등학교 5-6학년

1) 생각 열기

☑️ 인공지능이란?

◼ 인공지능의 사전적 의미를 조사하여 아래 빈칸에 써 봅시다.

◼ 컴퓨터 시스템은 인간이 할 수 있는 많은 일을 할 수 있지만 아직 인간 보다 쉽게 하기 어려운 일도 있습니다. 다음 물음에 답하여 봅시다.

컴퓨터가 인간 보다 더 쉽게 할 수 있는 일은 무엇일까요?

인간이 컴퓨터 보다 더 쉽게 할 수 있는 일은 무엇일까요?

2) 생각 펼치기

 로봇과 인공지능의 윤리

■ 로봇 3원칙에 대하여 알아봅시다.

로봇 공학의 로봇 3법칙은 공상과학 작가인 이삭 아시모프 (Isaac Asimov)가 공식화한 로봇에 대한 윤리입니다. 영화 아이로 봇(iRobot)에 소개되기도 한 로봇 3원칙은 다음과 같습니다.

> 제 1원칙, 로봇은 사람에게 해를 입히거나, 혹은 행동을 하지 않음으로써 인간에게 해가 가도록 해서는 안 된다.
> 제 2원칙, 로봇은 제 1법칙과 충돌하지 않는 한 인간이 내리는 명령에 따라야 한다.
> 제 3원칙, 로봇은 제 1법칙 또는 제 2법칙과 충돌하지 않는 한 로봇은 자신의 존재를 보호해야한다.

최근에는 위 세 가지 법칙 보다 우선하는 0원칙이 추가되었는데 0원칙은 다음과 같습니다.

제 0원칙, 로봇은 인류에게 해를 가하거나, 행동을 하지 않음으로써 인류에게 해가 가도록 해서는 안 된다.

▣ 로봇 법칙들이 인간과 로봇을 지켜줄 수 있을지 생각해 봅시다.

▣ 인공지능 시스템의 3원칙에 대해 조사하여 봅시다.

▣ 트롤리 딜레마에 대하여 알아봅시다.

만약 자율주행 자동차의 소프트웨어가 사고가 일어날 것이 확실한 상황에서 도로의 한 쪽에는 엄마와 아기가 있고, 자동차 앞쪽엔 한 무리의 어린 학생들이 길을 건너고 있으며, 도로의 다른 쪽은 절벽이라면, 자동차가 내릴 수 있는 가장 윤리적인 결정은 무엇일까? 자동차가 방향을 틀어 엄마를 치는 것일까, 아이들에게 돌진하는 것일까, 아니면 절벽으로 몰아 차 안에 탄 사람을 죽도록 하는 것일까?

<출처 : 테크월드(http://www.epnc.co.kr)>

■ 트롤리 딜레마 상황에서 인공지능 소프트웨어가 내려야 할 결정에 대해 선택하고 그 이유를 써 봅시다.

- 첫번째 상황

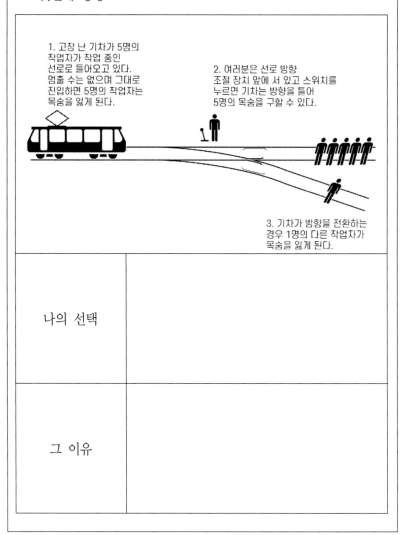

1. 고장 난 기차가 5명의 작업자가 작업 중인 선로로 들어오고 있다. 멈출 수는 없으며 그대로 진입하면 5명의 작업자는 목숨을 잃게 된다.

2. 여러분은 선로 방향 조절 장치 앞에 서 있고 스위치를 누르면 기차는 방향을 틀어 5명의 목숨을 구할 수 있다.

3. 기차가 방향을 전환하는 경우 1명의 다른 작업자가 목숨을 잃게 된다.

나의 선택	
그 이유	

- 두번째 상황

1. 고장 난 기차가 5명의 작업자가 작업 중인 선로로 들어오고 있다. 멈출 수는 없으며 그대로 진입하면 5명의 작업자는 목숨을 잃게 된다.	2. 육교 위에 있는 여러분은 건강한 남자를 육교 아래로 밀어 기차를 멈출 수 있고 5명의 목숨을 구할 수 있습니다.

나의 선택	
그 이유	

3) 생각 다지기

◼ 인공지능 시대에 인공지능과 인간이 함께 살아가기 위해 필요한 법률이 있다면 아래 빈칸에 써 봅시다.

<논 의>

1. 머신러닝의 다양한 학습 방법을 살펴보고 생활 속 활용 방안에 대해 논의해 보자.
2. 지도 학습과 비지도 학습의 차이점을 설명하고 각각의 활용 방법을 논의해 보자.
3. 인공지능 스피커나 피지컬 컴퓨팅이 가능한 도구를 활용한 인공지능 기반 메이커 융합교육의 실천 방안을 논의해 보자.
4. 각 인공지능 기술별 특징을 설명하고 효과적인 교수·학습 방안에 대해 논의해 보자.
5. 인공지능이 인간 생활에 미치는 영향에 대해 설명하고, 학교에서의 인공지능 윤리 교육 방안에 대해서 논의해 보자.

<참고문헌>

이철현, 김동만(2020). AI 요소 기술과 국내외 AI 교육과정에 기반한 AI 학습 요소 탐색, 한국인공지능교육학회 Vol.1, No.3, pp.21-30.

Kumar, A., Irsoy, O., Ondruska, P., Iyyer, M., Bradbury, J., Gulrajani, I., ... & Socher, R. (2016, June). Ask me anything: Dynamic memory networks for natural language processing. In International conference on machine learning (pp. 1378-1387).

Kuivaniemi, H., Boddy, A. M., Lillvis, J. H., Nischan, J., Lenk, G. M., & Tromp, G. (2008). Abdominal aortic aneurysms are deep, deadly and genetic. Aortic aneurysms, new insights into an old problem, 299-323.

https://teachablemachine.withgoogle.com/

https://machinelearningforkids.co.uk/

https://cloud.ibm.com/

https://www.google.com/

https://www.naver.com/

https://ide.mblock.cc/

https://www.data.go.kr/

https://aicodingblock.kt.co.kr/

http://www.epnc.co.kr

인공지능과 메이커 융합교육

가격 / 15,000원
저자 / 김진옥

1판 1쇄 / 2020년 10월 30일

발행처 / 도서출판 지식나무
발행인 / 김 복 환
출판등록 / 제301-2014-078호
ISBN / 979-11-87170-23-5

서울특별시 중구 수표로 12길 24(초동)
전화번호 / 02-2264-2305
이메일 / booksesang@hanmail.net